L'ALGÉRIE LIBRE

ÉTUDE ÉCONOMIQUE SUR L'ALGÉRIE

PAR

Felix DESSOLIERS

ANCIEN DÉPUTÉ

ALGER

IMPRIMERIE ADMINISTRATIVE GOJOSSO, 2, RUE BRUCE

1895

PRÉFACE

M. le député Jonnart écrivait il y a deux ans dans un document parlementaire qui motiva d'ardentes protestations qu'il n'y avait pas d'opinion publique en Algérie.

Il exprimait ainsi sous une forme quelque peu brève et tranchante le sentiment assez communément répandu en France que les Algériens n'existent guère que de nom, qu'ils forment une invraisemblable juxtaposition de citoyens venus des quatre coins de la vieille France et aussi de la vieille Europe, un véritable amalgame de Provençaux, de Bretons, de Normands, de Languedociens, d'Andalous et de Calabrais, et que l'Algérie pour tout dire reproduit la fidèle image d'une tour de Babel où règnerait la confusion des langues et des idées.

C'était trop oublier que plus de la moitié des habitants européens de l'Algérie sont nés dans le pays (1), que certaines familles y comptent jusqu'à trois et quatre

(1) 54, 5 o/o pour la population d'origine française

générations d'Africains, que ces Africains qui ont une manière personnelle de voir et de sentir les choses coloniales, forment déjà un noyau résistant auxquels viennent attractivement se souder les éléments flottants de la population européenne.

L'observation de M. Jonnart et la croyance générale de la France qu'elle traduisait était donc inexacte prise au sens absolu.

Il n'est que juste cependant de reconnaître qu'elle contenait une portion de vérité.

S'il y a un parti algérien et par conséquent une opinion algérienne car l'un ne va pas sans l'autre, ce parti n'a pas, jusqu'à présent du moins, un programme bien précis et bien déterminé. Sa pensée flotte encore trop indécise dans le vague des aspirations et des sentiments.

---

et 45, 1 p. o/o pour la population d'origine étrangère nous apprennent les statistiques.

Chez les naturalisés Français la proportion est encore plus forte que chez les Français d'origine, elle s'élève à 61, 1 o/o. On ne doit pas perdre de vue que ce dernier groupe foncièrement algérien ira augmentant toujours par l'effet des lois de naturalisation du 26 juin 1889. De 1888 à 1889, il a presque doublé le contingent militaire qui a passé de 2,631 à 4,710.

Or un parti ne compte véritablement dans la politique qui est un perpétuel combat que s'il a une volonté et un but.

Ce n'est donc point assez de manifester la tendance de plus en plus accentuée de placer les affaires algériennes au premier plan et la politique générale au second, d'être animé du vif désir d'aimer et de servir l'Algérie sans cesser de porter à la France le respect et l'affection qui lui sont dus, ces tendances et ce désir doivent avoir une formule claire et retentissante.

C'est à ce parti algérien qui s'agite confusément, en cherchant cependant à se discipliner, à ce jeune parti auquel l'avenir appartient, parce qu'il a pour lui ces deux forces irrésistibles, la raison et la justice que nous dédions notre présente étude de la question algérienne envisagée sous son aspect économique, — un de ses côtés le plus pratique, le plus intéressant et aussi le plus délicat.

Puisse-t-il y trouver une indication pour son programme en même temps qu'une couleur pour son drapeau.

L'ALGÉRIE LIBRE

CHAPITRE Ier

—

La Crise économique de l'Algérie.

—

L'Actif et le passif du bilan économique de l'Algérie. — Prédominance du passif. — Impossibilité de l'acquitter. — La crise Algérienne : Décroissance de l'activité commerciale dans ses diverses manifestations. — La crise atteint plus fortement encore les Indigènes que les colons. — Les causes alléguées ; la barbarie de l'agriculture, l'abus du crédit, l'avilissement général du prix des produits agricoles. — Leur réfutation. — La cause principale : vice du régime commercial. — La démonstration sera faite dans les chapitres suivants.

L'Algérie moderne se compose de l'ancienne province romaine de Numidie et d'une partie de la Mauretanie césarienne. L'Afrique du nord dont elle est à peu près le centre parvint, sous la domination romaine, à un si haut degré de prospérité attestée encore par des ruines imposantes, qu'une population de trente millions d'âmes était répandue dit-on de la Cyréanïque aux colonnes d'Hercule.

Bornée au nord par la Méditerranée sur une étendue de 1,100 kilomètres, l'Algérie, dont les limites à l'ouest sont déjà assez peu précises, n'en comporte pas au sud. Aucune ligne de démarcation n'a été tracée de ce côté, entre elle et le Maroc à la suite du traité du 18 mars 1845 (1).

Située dans la partie médiane de la Péninsule barbaresque dont elle forme près de la moitié, à distance à peu près égale de Londres, le Havre où Anvers et de Port-Saïd, elle occupe une situation priviligiée sur une des plus grandes routes commerciales du monde, — sur la route des Indes, — en même temps qu'elle peut être considérée comme la clef du nord-ouest africain.

L'Algérie, pays essentiellement agricole jouit d'un climat variable suivant les altitudes, mais généralement salubre.

C'est la seule colonie française où l'élément national puisse se développer dans des conditions particulièrement favorables.

« La population algérienne écrit le docteur Ricoux (2) est entrée, depuis 1855, dans une phase

---

(1) Ce traité qui est le seul instrument diplomatique ayant jamais fixé les droits respectifs de la France et du Maroc dans le Sahara, porte dans son article 6 :

« Quant au pays qui est au sud des Ksours des deux gouvernements (Ksours d'Aïn-Sefra et Sfissifa qui appartiennent à la France), comme il n'y a pas d'eau, qu'il est inhabitable et que c'est le désert proprement dit, la délimation en serait superflue. »

(2) La démographie figurée de l'Algérie, page 48.

satisfaisante où les naissances l'emportent sur les décès.

Quant aux Français envisagés à part, ils participent eux aussi, et *cela avec une meilleure proportion que les nationalités étrangères,* (à cause de leur souci de l'hygiène) à l'excédent des naissances sur les décès. »

Ajoutons que la période de doublement de cette population, variable avec l'importance de l'immigration est dans tous les cas bien plus courte que celle de la France.

On a calculé que par le seul fait de l'excédent des naissances sur les décès, tel qu'il se manifeste depuis 1855, l'immigration étant laissée complètement à part, la population européenne de l'Algérie doublerait encore en 56 ans environ, alors qu'en France le doublement de la population demande plus de 200 ans pour se produire (1).

Par suite de sa configuration géographique et de la disposition de ses montagnes qui courent du sud-ouest au nord-est, en formant avec leurs intervalles des vallées et des plateaux parallèles à la mer, l'Algérie se divise en quatre grandes zones : la zone du littoral, celle des montagnes, celle des Hauts-Plateaux et celle du Sahara.

Chacune de ces zones a ses cultures.

La première produit surtout la vigne, le tabac, l'oranger, l'olivier ; la deuxième qui paraît la plus riche, convient à presque toutes les cultures de

---

(1) De Foville, la France économique, page 11.

l'Europe, elle est assez productive en céréales; la troisième zone a été colonisée de préférence par les Romains. De nos jours, elle s'ouvre à peine à la colonisation française, quelques rares villages viennent d'y être fondés à la suite de l'importance que prennent l'élevage et le commerce du bétail. Elle est fertile en céréales, elle peut alimenter de nombreux troupeaux. Enfin la quatrième zone, la région saharienne est le pays des dattes et de la culture des jardins (1).

Ces quatre zones sont habitées par une population de plus de quatre millions d'âmes dont 3,500,000 Indigènes et 500,000 Européens. 200,000 Européens dont la majeure partie est composée de Français exploitent la première et la deuxième zone, ils abordent à peine la troisième et n'ont pour ainsi dire pas pénétré dans la quatrième.

Ces 200,000 Européens auxquels il faut ajouter plus de 3,000,000 d'Indigènes cultivent dans le Tell 10 millions d'hectares, sur 15 millions que contient cette partie de l'Algérie avec un matériel agricole de 27 millions de francs, dont 85 o/o sont détenus par eux.

Cette population rurale a fourni en 1891 pour une valeur approximative de 800 millions de produits alors que la France en fournissait 11 milliards et demi ce qui, si l'on prend en Algérie le Français pour une unité de production, l'étranger

(1) Baron de Vialar, rapport à M. le Ministre de l'agriculture sur le rôle et les fonctions d'un inspecteur d'agriculture en Algérie, page 21 et suivantes.

pour 1/4 et l'Indigène pour 1/8 (1) donne une valeur de 10,366 francs par tête contre une valeur dans la Métropole de 300 francs par tête, soit une production 34 fois plus forte.

Que si on examine attentivement les conditions climatériques de cette production, on ne voit pas, bien que le contraire ait été maintes fois soutenu, que la production agricole en Algérie comporte sensiblement plus d'alea qu'en France.

La différence qui peut exister vient des hommes et non pas de la nature.

Nous avons le siroco, mais la France a la gelée, et la dîme prélevée sur la vigne par la gélée à laquelle aucun plant ne résiste, est plus importante que celle prélevée par le siroco auquel certains plants sont assez réfractaires. Nous avons des hivers trop secs, mais la France a par contre quelquefois des étés trop pluvieux, et la vigne résiste mieux à un excès de sécheresse, qu'à un excès d'humidité.

Quant aux céréales, qui avec la vigne forment une des principales branches de la production agricole en Algérie, on ne peut pas nier que leurs rendements soient quelquefois irréguliers. Mais avec le perfectionnement des cultures, ce défaut commence à s'atténuer. M. Burdeau a remarqué avec raison que les oscillations entre les récoltes

---

(1) Le décret du 23 décembre 1890 compte pour la répartition de l'octroi de mer l'indigène habitant les communes de plein exercice pour 1/8 et l'indigène habitant les communes mixtes pour 1/40 seulement. Nous n'avons pas adopté cette distinction parce que la puissance de production des indigènes nous paraît sensiblement égale, quel que soit le point du territoire qu'ils habitent.

vont toujours en diminuant (1). D'ailleurs cette irrégularité se manifeste surtout dans les récoltes de céréales importées d'Europe comme les blés tendres.

Pour prendre les derniers chiffres publiés par la statistique du Gouvernement général (2) on voit que si l'on s'en tient aux rendements extrêmes pendant la décade 1884-1893, la récolte de blé tendre a été en 1884 de 1,268,000 quintaux pour 144,000 hectares cultivés, ce qui donne une moyenne supérieure à 8 quintaux à l'hectare, tandis qu'en 1892, la récolte a été de 605,800 quintaux pour 125,492 hectares, ce qui ne donne plus qu'une moyenne supérieure à 4 quintaux par hectare, d'où une différence approximative de 50 p. o/o entre le rendement de 1884 et celui de 1892.

Mais si on examine les rendements des céréales véritablement indigènes comme le blé dur, on ne relève plus de pareils écarts.

Dans la même décade 1884-1893, on voit, en prenant toujours les rendements extrêmes, qu'en 1891, 117,400 hectares cultivés par les Européens ont donné une récolte de 905,700 quintaux, soit exactement 7 quintaux 7 par hectare, et qu'en 1892, 124,300 hectares ont donné une récolte de 648,300 quintaux, soit 5 quintaux 2 par hectare, soit 18 p. o/o seulement de moins.

De pareilles variations ne sont pas, après tout,

(1) Rapport sur le budget général de l'exercice 1892, service de l'Algérie, page 9.

(2) Statistique générale années 1891-1893, page 308.

excessives et se retrouvent à peu près dans les récoltes de céréales de la Métropole.

En effet dans la décade 1880-1889, en France, à s'en tenir aux rendements extrêmes, 6,900,000 hectares ont donné 122 millions d'hectolitres de blé, qui si on les convertit en quintaux sur le pied de 79 kilos par hectolitre, ont donné près de 14 quintaux par hectare, tandis qu'en 1888, 7,100,000 hectares n'ont plus donné que 96,400,000 hectolitres qui convertis en quintaux, donnent 10 quintaux 59 par hectare, soit 12 p. o/o de moins.

Voilà le côté brillant du tableau et comme l'endroit de la situation géographique et économique de l'Algérie.

Maintenant voici l'ombre du tableau.

Si l'Algérie possède 10 millions d'hectares en propriétés rurales, cette propriété est loin d'être libre, elle est grevée d'une grosse dette chirographaire. D'après M. Burdeau, la dette hypothécaire (conventionnelle) montait au total en 1891 à 603,800,000 francs dont 299,400,000 francs pour la propriété bâtie et 304,400,000 pour la proprieté non bâtie (1).

En ajoutant à cette dette hypothécaire la dette chirographaire qui doit être bien près de la doubler, on arrive vraisemblablement à 1,200,000,000 pesant en très grande partie sur la propriété rurale, car l'Algérie est un pays essentiellement agricole, et

(1) Burdeau, rapport sur le service de l'Algérie exercice 1892, page 21.

exigeant au taux moyen de 7 o/o un service annuel de 84 millions d'intérêt.

Malgré tout cependant, l'énormité d'une pareille dette n'aurait rien d'effrayant.

Dans les vieux pays eux-mêmes, la propriété n'est jamais franche, et dans les jeunes pays, on comprend qu'elle soit lourdement grevée, car les individus qui émigrent sont généralement dénués de ressources et doivent emprunter la plus grande partie de leurs premiers capitaux. Ils l'empruntent à un taux élevé, soit que les profits passent pour être plus grands en cas de réussite, soit que les risques demeurent aussi plus grands en cas d'insuccès.

D'ailleurs on doit retenir que l'Algérie, si elle était érigée en personne civile, n'aurait presque pas de dette publique, tout au plus serait-elle chargée d'une annuité d'une cinquantaine de millions représentant l'intérêt à 4 o/o (taux consenti aux communes) des 500 millions nécessaires pour l'acquisition de son outillage, ce qui n'est pas considérable assurément, si on réfléchit que la colonie sud africaine du Cap, qui a tant d'analogie avec l'Algérie, a une dette en capital de 26,006,167 livres sterling, soit 650,154,175 millions exigeant un service annuel de 1,221,464 livres sterling, soit 30,536,600 francs, ce qui, eu égard aux populations respectives du Cap et de l'Algérie qui est de 1,500,000 et de 4 milions, donne une charge annuelle de 12 fr. 50 par tête pour l'habitant de l'Algérie, et de 20 fr. par tête pour l'habitant du Cap (1).

(1) *Economiste* du 27 octobre 1894. La colonie du Cap de Bonne-Espérance par E. Fournier de Flaix.

Ce n'est donc pas, prise en soi, l'importance de la dette hypothécaire et chirographaire de l'Algérie qui doit inspirer de légitimes sujets d'inquiétude. Dans un bilan, à lui seul le chiffre du passif n'a guère de signification. Ce n'est point le passif considéré isolément qui peut effrayer, c'est la comparaison du passif et de l'actif.

Tandis, que le passif grossit toujours, l'actif décroît sans cesse. L'Algérie peut de moins en moins payer ses dettes.

Le revenu algérien diminue de jour en jour. La colonie qui est encore dénuée d'épargne et ne peut pas attendre, a dans ces derniers temps éprouvé de graves mécomptes difficilement réparables sur la vente de ses principaux produits, les céréales et le vin.

Le prix des uns et des autres se sont considérablement avilis.

Les vins qui valaient encore en 1887 de 20 à 35 francs l'hectolitre sont graduellement tombés si bas qu'en 1893 une partie de la récolte de Constantine a dû être cédée au prix dérisoire de 2 à 3 francs, quai Bône. Les blés durs, qui n'étaient jamais descendus dans les années les plus abondantes au-dessous de 15 francs environ, se sont vendus en 1894 sur le pied de 9 à 10 francs à Philippeville.

D'autre part le commerce extérieur dont les tableaux fournissent une image vivante de l'activité d'un pays, surtout quand c'est un pays jeune, dans la nécessité de beaucoup importer pour acquérir son outillage et pourvoir d'une façon générale à tous ses besoins autres que ceux de l'alimentation et de beaucoup exporter pour payer ses frais d'établissement, montre l'état de gêne du pays.

Les importations et les exportations réunies (commerce spécial) (1) qui s'élevaient à 474 millions en 1891, sont descendues à 451 millions en 1892 pour tomber à 386 millions en 1893, elles ont donc diminué de 1/5, soit de 20 o/o.

La statistique est plus suggestive encore si dans le commerce extérieur on n'envisage que les exportations.

On voit qu'après s'être accru d'un mouvement sensiblement régulier jusqu'à 251 millions en 1889, atteignant ou même dépassant légèrement (de 2 millions) les importations, elles ont fléchi en 1893 jusqu'à 169 millions, en différence de 23 millions sur les importations.

Comme, dans un pays neuf, l'exportation représente la recette au même titre que l'importation représente la dépense, quand les importations sont inférieures aux exportations, cela signifie que la recette est inférieure à la dépense.

Il y a donc là une perte qui doit être couverte par le capital en réserve, et si l'épargne est insuffisante, par une subvention de l'Etat.

Le mouvement des entrées et des sorties de

(1) Le commerce extérieur se subdivise en commerce général qui comprend toutes les marchandises qui à un titre quelconque, transit, entrepôt, consommations, etc., passent la frontière à l'importation ou à l'exportation, et commerce spécial qui ne compte au contraire que les marchandises retenues pour la consommation ou qui par le paiement des taxes douanières ont été nationalisées. En Algérie où le commerce de transit et l'industrie n'existent pour ainsi dire pas, le commerce spécial se rapproche beaucoup du commerce général. Nous donnerons toujours, au cours de cet ouvrage, les chiffres du commerce spécial.

personnes comme celui des entrées et des sorties de marchandises, témoigne à son tour de la décadence précoce dans laquelle s'éteint le pays.

En 1893, le gain effectué par la colonie, déduction faite de l'excédent des naissances sur les décès a été de 3945 personnes seulement (1). Pour trouver un chiffre aussi bas, il faut reculer de 35 ans et remonter à 1860, où d'après les dires du docteur Ricoux le gain dû à l'immigration, fut seulement de 3520 personnes (2).

De son côté, l'analyse du mouvement des dépôts dans les caisses des banques et dans les études de notaires, corrobore ces données désolantes.

L'épargne qui est constituée dans les grandes villes algériennes, quelque modique qu'elle soit, ne peut plus être absorbée par une agriculture qui agonise, elle s'exporte en France, appauvrissant encore ainsi le pays, sous forme de valeur mobilière, ou bien elle dort provisoirement dans les caisses des banques dont les dépôts depuis dix ans ont augmenté de plus de moitié. Ils ont passé par exemple pour le Crédit Foncier d'Algérie de 11,285,162 francs en 1884 à 24,338,935 en 1893 (3).

Même indication si l'on consulte les recettes des chemins de fer qui après s'être élevées à 27,037,000 fr. en 1891 sont tombées à 26,445,000 francs en 1892 et à 22,951,000 francs en 1893, soit une différence

(1) Statistique du Gouvernement général, années 1891-1893, page 124.

(2) La démographie figurée de l'Algérie, page 45.

(3) Statistique du Gouvernement général 1891-1893, page 253.

de 15,1 o/o au détriment de 1893 par rapport à 1891, bien que la longueur du réseau se soit légèrement accrue de 92 kilomètres.

Aussi, par suite d'un phénomène social qui rappelle la lamentable situation de l'agriculture sous le bas Empire romain, les champs ont une tendance à se dépeupler.

Les propriétaires, incapables de payer leurs dettes abandonnent ce sol qu'ils ont vainement arrosé de leurs sueurs et qui a englouti leur faible pécule ; les banques s'en emparent étendant de plus en plus comme une ombre mortelle leur domaine improductif, à moins cependant que le colon, sacrifiant sa dignité d'homme libre à l'illusion d'un état social à jamais disparu, ne continue à travailler pour elles, se transformant ainsi en humble serf de ses puissants créanciers.

Et il ne faut pas croire que les Européens soient seuls à être atteints par cet appauvrissement général, les Indigènes sont également touchés ; il est même probable qu'ils le sont plus que nous.

On ne peut pas apprécier même approximativement l'importance des charges qui pèsent sur eux, car pour la plupart elles ne sont pas inscrites sur les registres publics ou consignées dans les études de notaires.

Mais la lecture des documents financiers — dont nous reproduisons un des plus importants — ne laisse aucun doute sur l'intensité de leurs souffrances.

MONTANT DU PRINCIPAL CONSTATÉ (ET NON PAS PERÇU) DES IMPÔTS ARABES

Période 1886-1892 (1)

1886..	16.361.000
1887..	17.272.000
1888..	16.858.000
1889..	16.115 000
1890..	15.606 000
1891..	14 944.000
1892..	14.742.000

Le fléchissement de l'impôt arabe est graduel, il n'est donc pas dû à des causes intermittentes, telles que la variation des récoltes, mais bien à une cause permanente. Son principal est descendu de 17,262,000 en 1887 à 14,742,000 en 1892. C'est une moins-value de 14,7 p. o/o.

Cette moins-value s'accuse encore si on rapproche le montant de l'impôt du chiffre de la population.

Tandis que le premier diminue, le second augmente. En 1887, les 17,272,000 francs d'impôts étaient supportés par 3,264,000 indigènes, ce qui donne un quotient impositaire de 5,3 par tête.

En 1892, les 14,742,000 francs d'impôts ont été supportés par 3,559,000 indigènes, ce qui donne un quotient impositaire de 4,2 par tête, d'où une différence entre les deux quotients de 20,8 p. o/o.

---

(1) Statistique générale de l'Algérie, années 1891-1893, p. 57.

Du moment que le montant de l'impôt arabe baisse alors que la population s'élève, on est obligé d'admettre que c'est la matière imposable qui se dérobe et que ce sont les biens des indigènes qui disparaissent.

L'Arabe, criblé de dettes qu'il ne peut payer, est encore plus peut-être que le colon, exproprié par un créancier généralement israélite. Il change alors de condition, devient le krammès (colon partiaire) de la terre dont il était propriétaire et ne paye plus l'achour (impôt foncier) que sur le $1/5^e$ de la récolte qui lui est attribué et ainsi du reste. Bientôt même souvent il abandonne sa terre qui n'acquitte, dès lors, plus rien au titre des impôts arabes.

Un autre signe encore plus tangible de l'évidente misère des Indigènes, c'est la diminution de leur pouvoir d'achat.

Ils ne peuvent après tout, surtout dans les communes mixtes qui sont assez bien administrées, se dispenser de payer l'impôt quand ils ont l'heureuse chance de demeurer propriétaires. Pour les y contraindre, le service des contributions diverses possède de puissants instruments de coercition, la prison, l'amende, la saisie. Si la récolte a été insuffisante ils en sont réduits à vendre les menus objets qu'ils possèdent et le fisc est désintéressé. Mais alors il ne leur reste rien, où à peu près, pour donner satisfaction à leurs besoins matériels.

Si l'on prend le principal article de consommation indigène, les tissus de coton par exemple dont ils se servent pour leurs gandouras et pour leurs pantalons, et que, par suite du défaut de matière première, ils ne peuvent pas manufacturer sous le gourbi ou dans la tente, on relève qu'après être monté à l'importation de 23 millions en 1861, à 91 millions en 1883, il est revenu par une pente ininterrompue à 24 millions en 1893.

Entre 1883 et 1893, il y a donc une différence de 73,6 p. 0/0.

Voici le tableau de cette décroissance telle qu'elle resssort des chiffres donnés par les diverses statistiques du Gouvernement général (1).

1882	86 millions
1883	91 —
1884	76 —
1885	33 —
1886	35 —
1887	28 —
1888	29 —
1889	37 —
1890	40 —
1891	37 —
1892	29 —
1893	24 —

Donc l'Algérie se débat en pleine crise, et cette crise affecte un caractère particulièrement redoutable parce que, si elle se continuait avec cette intensité, elle aboutirait en peu de temps à la disparition prochaine de la colonisation française en Afrique.

Tout esprit clairvoyant et patriote reconnaîtra

(1) Années 1888 à 1890, page 268, et 1891 à 1893, page 278.

qu'une pareille liquidation ne doit pas se produire, ce serait pour l'Algérie, une faillite matérielle, et pour la France, une véritable faillite morale. L'une ne vaut pas mieux que l'autre.

Dans ces dernières années, les nations civilisées se sont partagé les contrées du monde encore inoccupées, l'Asie exceptée, par la race blanche. Le lot de la France a été l'Afrique du nord-ouest. C'est un vaste empire, assez pauvre d'ailleurs au centre et dont la valeur principale réside en ce que, par l'Algérie, il est situé à deux pas de l'Europe.

Si la France abandonnait et perdait l'Algérie, par la force même des choses, elle perdrait un jour le Sénégal et le Soudan.

Et qu'on ne dise pas que cette perte de l'Algérie est une supposition chimérique Comment la France peut-elle se flatter de la garder, si elle ne s'y implante pas, s'il est prouvé qu'elle est impuissante à la coloniser ?

« Ce ne fut pas, écrit très justement, M. Leroy-Beaulieu (1) la faute d'un règne si nous perdîmes l'Amérique du Nord. Quelles qu'aient été l'incapacité et la négligence de la Cour et des Ministres dans la seconde moitié du XVIIIe siècle, elles n'auraient pas suffi à nous enlever nos dépendances d'outre-mer si notre domination *y avait été fortement assise, si notre race y avait poussé de fortes racines, si une population abondante y avait pris par la culture possesssion du sol* ».

Réduite à ses quelques centaines de kilomètres

(1) La Colonisation, page 139.

carrés européens, la France, privée du nord-ouest africain, qui étend son territoire jusqu'à l'Equateur, décheoirait du rang de grande puissance, elle aurait vécu.

Mais que faut-il faire si l'on veut qu'un pareil désastre soit évité, que la possibilité d'une liquidation de la colonisation française en Afrique soit écartée, que peu à peu on rende quelque clarté à ce flambeau de civilisation latine dont la flamme vacille et menace de s'éteindre ?

Comment relever l'Algérie d'une chute qui semble irrémédiable ?

En politique comme en médecine pour relever et guérir, il faut d'abord connaître la cause du mal.

Quelle est la cause du mal dont la colonie se meurt ?

On a signalé plusieurs causes ou même à parler plus exactement chacun a indiqué la sienne.

Nous n'examinerons que les principales.

Les uns ont prétendu que la ruine de l'Algérie était due à l'état arriéré, à la barbarie de son agriculture. Outre que ce mot paraît un peu fort, la barbarie de l'agriculture si elle existait réellement ne serait point la cause mais bien plutôt la conséquence de l'appauvrissement du pays.

On conviendra sans peine que l'instruction est ici plus répandue qu'en France, que le niveau de l'intelligence y est plus élevé, la somme d'énergie plus grande. Si les immigrants ne sont pas les meilleurs des hommes, ce sont en tout cas les plus vifs et les plus résolus.

Pourquoi donc nos colons seraient-ils plus arriérés que les paysans français ?

C'est se moquer que de les traiter de barbares. La vérité c'est qu'ils sont surtout moins riches et en sont réduits à économiser sur les frais immédiats de culture, ce qui diminue le produit.

On leur conseille de diversifier leurs plantations, de semer de nouvelles plantes fourragères qui sont d'ailleurs connues depuis plus d'un quart de siècle, d'élever du bétail, et que sais-je. Mais la production algérienne est beaucoup trop importante pour qu'elle puisse être consommée sur place, il faut donc dans les cultures consulter le goût et les besoins des acheteurs extérieurs, toutes choses contingentes qui ne concordent pas toujours avec les savantes indications des agronomes.

D'autres ont cru trouver la cause du mal dans l'abus du crédit et pensent trouver le remède dans certaines mesures de protection foncière :

« Dès le début de la crise, écrit M. le baron de Vialar (1) dans un intéressant opuscule que nous avons plaisir à citer, une mesure autoritaire, quelque chose comme une loi agraire s'imposait : empêcher les expropriations, réduire de moitié et pour un certain temps le taux de l'intérêt hypothécaire et mettre sous séquestre les revenus jusqu'à concurrence du montant de ces intérêts réduits ; on eût ainsi enrayé tout le mal et évité la ruine des campagnes. »

Mais l'abus du crédit nous a-t-il été si funeste?

(1) Rapport à M. le Ministre de l'agriculture sur le rôle et les fonctions d'un inspecteur d'agriculture en Algérie, page 19.

Nous avons déjà dit et nous répétons que tous les jeunes pays ont recours à l'emprunt privé ou public, souvent dans des proportions démesurées. Leur développement est à ce prix.

Ils s'alimentent de capitaux étrangers comme un organisme non encore adulte prend avec avidité au milieu externe les éléments qui durciront son ossature et nourriront ses chairs. Seulement dans les jeunes pays, d'ordinaire les capitaux sont extrêmement productifs tandis que par une exception singulière ils deviennent stériles en Algérie.

Quant à réduire le taux des intérêts, ce serait une déloyauté en même temps qu'une imprudence ; on violerait arbitrairement ainsi les clauses d'un contrat librement débattu et que les parties ont seules le droit de modifier, car il leur sert de loi, et ce serait les violer sans profit.

Du moment que les capitalistes auraient cette conviction que la loi du contrat n'est pas respectée en Afrique, ou bien ils élèveraient le taux de leur intérêt pour se couvrir de pareils risques ou bien même ils se refuseraient à prêter. Le remède serait donc pire que le mal.

Tout au plus pourrait-on admettre, comme cela s'est fait en 1848 (Arrêté du Gouverneur du 1er avril) (1) que les expropriations fussent un moment sus-

---

(1) Attendu, dit cet arrêté signé Cavaignac, que par suite de la crise financière qui existe depuis longtemps en Algérie, les immeubles y ont subi une énorme dépréciation, qu'il est de l'intérêt bien entendu du créancier qui voit disparaître son gage sans être payé, aussi bien que de celui du débiteur qui voit le plus souvent sa ruine accomplie sans être libéré, que toute adjudication d'immeubles saisis soit ajournée.

pendues *dans l'intérêt commun du débiteur et du créancier.*

Mais de telles mesures ne peuvent être que des expédients momentanés, elles supposent un mal léger et passager, alors qu'à l'intensité et à la généralité de la perturbation qui sévit on sent que le mal est profond et durable.

Enfin la crise a été attribuée à la mévente des produits agricoles, à la baisse très sensible qui les a atteint.

La baisse qui atteint les produits agricoles, sans d'ailleurs épargner les produits manufacturés, n'est pas contestable.

En 1880 sur le marché de Paris le blé valait en moyenne 22,30 l'hectolitre. Dix ans après en 1890 il n'en valait plus que 18,20. A son tour le kilogramme de viande de bœuf qui sur les mêmes marchés en 1883 valait en moyenne 1,81 ne se payait plus 10 ans après en 1893 que 1,50, et ainsi du reste (1).

Cette baisse des prix a occasionné de fortes crises dans les vieux pays parce que, n'ayant été ni accompagnée ni suivie d'une diminution correspondante des frais de culture, l'ancien équilibre entre le prix de vente et le prix de revient s'est trouvé rompu au grand détriment du cultivateur. Mais elle a occasionné une perturbation bien moindre dans les jeunes pays puisque c'est par leur concurrence, parce qu'ils venaient déverser leurs produits sur les marchés de l'Europe, que la baisse à été dé-

(1) Revue agricole de D. Zola, revue hebdomadaire, *Journal des Débats*, du 4 mai 1895.

chaînée. Or l'Algérie peut bien passer pour un pays neuf avec ses terres à céréales souvent situées en plaine, coûtant de 100 à 200 francs l'hectare, alors qu'elles en coûtent 3 et 4,000 en France, et sa main-d'œuvre abondante et économique.

La meilleure preuve que la baisse des produits agricoles n'a point causé un préjudice irrémédiable aux jeunes pays, se trouve dans la prospérité dont les colonies anglaises et notamment la colonie du Cap, qui par ses céréales, son vin et son bétail, est une véritable Algérie australe, nous donnent exemple.

En 1892, les importations de la colonie du Cap, ont atteint pour une population de 1,500,000 habitants (dont plus de 1,150,000 sont, non pas des demi-civilisés comme les Arabes, mais de purs sauvages comme les Cafres et les Hottentots), 9,571,670 livres sterling, soit 239,291,751 francs et les exportations 12,206,183 livres sterling, soit 305,154,575 francs dépassant en conséquence les importations de 65,363,825 francs, ce qui démontre que dans ce pays, à l'inverse de ce qui se passe en Algérie, la recette, le revenu augmente plus vite que la dépense, et que la colonie a un excédent de profits qu'elle capitalise.

Mais si la baisse des prix ne peut pas expliquer l'appauvrissement dont souffre l'Algérie, qu'elle peut donc en être la cause ?

Pour nous, nous n'éprouvons aucune hésitation à le dire, cette cause réside principalement dans les défectuosités de son régime commercial en rangeant sous ce mot très ample le régime de l'importation, le régime des exportations et celui des transports.

C'est que, pour un jeune pays, l'importance du régime commercial n'est pas mince.

Assurément pour tout pays, il a une importance majeure.

Il règle les conditions des échanges avec les autres nations. Comme nulle nation au monde ne peut se suffire pleinement à elle-même, nulle contrée aussi ne peut absolument se dispenser de nouer des relations commerciales avec les contrées qui l'entourent.

Suivant que ces relations sont bien ou mal établies, que le régime des transports est bien ou mal compris, le mouvement des échanges s'accélère ou se ralentit, et par voie de conséquence la prospérité matérielle du pays augmente ou diminue, tout cela est bien certain.

Mais pour un pays neuf, en voie de formation, dépourvu de consommateurs, comme l'Algérie, la question n'est pas seulement considérable, elle est encore et surtout vitale.

Un mauvais régime ne ralentit pas seulement l'essor de son développement, il l'arrête.

Plaçons-nous au point de vue douanier. Supposons qu'en France les tarifs d'entrée soient tellement exorbitants que les importations deviennent impossibles, le pays, temporairement au moins, n'en serait pas irrémédiablement ruiné, soit parce qu'il peut puiser dans ses réserves de capitaux pour payer plus cher les produits qui lui seront désormais exclusivement fournis par l'industrie ou l'agriculture nationales, soit parce que ses travaux de premier établissement sont terminés depuis longtemps déjà, qu'il peut vivre tant bien que mal à l'abri de ces travaux sans trop les augmenter et qu'il a surtout à faire face à des travaux de réparation et d'entretien.

Dans la même hypothèse, l'Algérie au contraire ne pourrait vivre un instant, parce qu'elle n'est pas outillée, qu'un suffisant outillage est la condition impérieuse de son existence économique, qu'elle doit pourvoir, non pas seulement à des travaux de réparation et d'entretien, mais encore à des travaux de premier établissement, et qu'elle n'y peut faire face qu'à l'aide de ses importations.

Supposons maintenant que, la France ne puisse pas exporter, par exemple, parce qu'à titre de représailles, les nations étrangères lui auront fermé leurs marchés. Comme la France peut avec ses 38 millions d'habitants être à elle-même son propre débouché, le mal ne sera pas irréparable, elle déversera simplement ses produits manufacturés et naturels sur son marché intérieur qui en absorbera la majeure partie et on pourra dès lors prétendre que ce qu'elle a perdu sur le marché extérieur, qui lui est fermé, elle le retrouve sur le marché intérieur qui lui redevient réservé.

Si l'Algérie au contraire ne pouvait pas exporter, elle mourrait inévitablement de pléthore, incapable avec ses 500,000 Européens et son marché intérieur à peu près nul, de consommer seulement le cinquième de ses vins et de sa viande, pour ne parler que de ces produits là.

De ce qui précède, il est aisé de tirer cette conséquence que l'Algérie, qui est dépourvue d'épargne, qui a des besoins immédiats et pressants à satisfaire, réclame un bon régime commercial qui lui permette de s'approvisionner au meilleur compte, comme aussi de vendre ses produits le plus cher, lui laissant constamment en main une large différence, destinée à constituer la substance de son premier capital ; que c'est là, la condition *sine qua non* de sa prospérité matérielle.

Or elle a un régime tout opposé.

Elle s'approvisionne non pas au meilleur compte mais aux prix les plus élevés qu'il est possible ; elle ne vend pas ses produits le plus cher mais au contraire le meilleur marché que l'on puisse imaginer. Ce n'est pas une différence active, un gain qui lui reste à la suite de ses échanges, c'est une différence passive, une perte, d'où il suit qu'au lieu de se constituer une épargne, elle se creuse un perpétuel déficit.

De là sa ruine.

C'est cette thèse que nous nous proposons d'établir dans les pages qui vont suivre. Notre démonstration terminée, il ne nous restera plus qu'à indiquer dans quel esprit et comment le régime de l'Algérie devrait être modifié.

CHAPITRE II

—

La politique coloniale de la France

—

Le but principal de la fondation d'une colonie d'après les économistes modernes est l'extension du territoire national. — Idée différente qu'on s'en faisait au XVIIe et XVIIIe siècles : c'était l'acquisition d'une propriété nationale. — La politique coloniale était une politique commerciale. — La synthèse mercantile de Montesquieu : Les colonies sont fondées pour l'utilité commerciale exclusive des métropoles. — Commentaire de cette synthèse dans les instructions données en 1765 aux administrateurs des îles. — Le pacte colonial : la réciprocité des monopoles. — Critiques de Turgot et d'Adam Smith. — Décadence, au commencement du XIXe siècle, du pacte colonial. — Sa disparition sous le second empire. — Sa restauration sous la troisième République et son application aux colonies et à l'Algérie.

En ce monde il n'y a rien d'absolument nouveau. Inventer même c'est parfois se souvenir.

Les idées et les conceptions des générations actuelles tirent presque toujours leur raison d'être et leur origine, se déduisent et naissent des idées et des conceptions des générations qui les ont précédées.

Il n'y a donc pas lieu de s'étonner, si avant de

nous occuper du régime commercial de l'Algérie, nous jetons, pour mieux éclairer notre sujet un rapide coup d'œil sur la façon dont la France a toujours entendu régler ses rapports commerciaux avec les colonies.

Les économistes modernes sont loin d'être d'accord dans leurs pronostics sur l'avenir qui est réservé aux colonies fondées par les vieux pays d'Europe, surtout quand il s'agit de colonies de peuplement.

Tandis que les uns paraissent croire qu'une fois arrivées à l'état tout à fait adulte, ces colonies se sépareront de la Mère-Patrie, comme un fruit mûr qui se détache de l'arbre, pour former des états indépendants, ainsi que l'ont fait les provinces du Nord de l'Amérique, d'autres estiment que cet exemple restera isolé dans l'histoire des nations ; que les Mères-Patries éclairées par l'expérience du passé, traiteront leurs colonies avec tant de bienveillance et d'équité que celles-ci ne songeront point à une séparation qui leur serait plus nuisible que profitable ; que le même gland deviendra un chêne immense avec des centaines de branches ; que colonie et métropole se transformeront en vastes états fédératifs, répandus sur la surface du globe, unis, à défaut d'un lien de continuité territoriale par une communauté d'intérêts rendue possible depuis que la distance a été supprimée par la vapeur et l'électricité.

Mais les uns et les autres sont au moins d'accord sur ce point que le résultat immédiat de la fondation d'une colonie est d'étendre le territoire national, et d'activer le développement social en excitant à l'exportation des hommes et des capitaux dont les vieux pays abondent.

Les idées de nos pères en matière de fondation de colonies étaient beaucoup moins élevées et beaucoup moins complexes.

A leurs yeux, les colonies ne pouvaient pas constituer une extension de territoire national, soit à cause de leur éloignement, soit parce que l'extension du territoire devait se poursuivre à l'est de l'Europe d'après le programme de nos rois et non pas sur l'autre rive de l'Océan Atlantique. Ils ne pouvaient songer d'autre part à l'exportation des hommes et des capitaux parce que le pays ne souffrait pas d'un excès de population et que l'épargne n'était pas surabondante.

Nos pères qui, sur ce point partageaient à peu près complètement l'avis de leurs contemporains d'Angleterre, considéraient purement les colonies comme des pays conquis, de véritables propriétés dont devaient tirer parti, soit l'Etat à court de revenus en établissant des taxes, soit les particuliers en y exerçant un commerce exclusif. Le mot *possession* qui servait à les désigner, éveille bien cette idée de maîtrise, de puissance de domination, que nous venons d'indiquer.

Aussi au XVIIIe siècle, il n'y avait pas de politique coloniale, mais simplement une politique fiscale et commerciale.

Cette politique commerciale, avait été érigée en théorie par un de nos grands penseurs.

« L'objet des colonies, écrit Montesquieu dans

l'Esprit dés lois (1), est de faire le commerce à de meilleures conditions qu'on ne le faisait avec des peuples voisins avec lesquels *tous les avantages sont réciproques*. On a établi que la Métropole seule pouvait négocier dans la colonie, et cela avec grande raison, parce que le but de l'établissement *a été l'extension du commerce, non la fondation d'une ville ou d'un nouvel empire.*

« Ainsi c'est encore une loi fondamentale de l'Europe que tout commerce avec une colonie étrangère est regardé comme un pur monopole, punissable par les lois du pays.

« Il est encore reçu que le commerce établi entre les métropoles n'entraîne point une permission pour les colonies qui restent toujours en état de prohibition.

« Le désavantage des colonies qui perdent la liberté du commerce est visiblement compensé par la protection de la Métropole »

Cette théorie de Montesquieu extrêmement dure et brutale dans sa simplicité, et qui ne tendait en somme qu'à réduire les colonies en perpétuel état de servage avait rencontré un accueil favorable et même empressé dans les régions gouvernementales.

Voici, à ce sujet, comment elle était commentée dans les instructions données vers l'an 1765 aux administrateurs des Iles (2) :

« Les colonies fondées par les diverses puissan-

---

(1) Livre XXI, chapitre XXI.

(2) Choiseul et la France d'Outre-Mer par d'Aubigny, page 235.

ces ont toutes été établies pour l'utilité de leur métropole...

« Elles n'ont été instituées que pour opérer la consommation et le débouché des produits de la Métropole. De cette destination suivent trois conséquences qui renferment toute la science de ces établissements.

« La première est que ce serait se tromper que de considérer nos colonies *comme des provinces de France* séparées seulement par la mer du sol national. Elles diffèrent autant des provinces de France que le moyen diffère de la fin ; elles ne sont absolument que des *établissements de commerce*, et pour rendre cette vérité sensible, il suffit d'observer que dans le royaume l'administration ne tend à obtenir une plus grande consommation qu'en faveur du sol national et que dans les colonies au contraire, elle n'affectionne le sol que dans la vue de la consommation qu'il opère. Cette consommation est l'objet unique de l'établissement qu'il faudrait abandonner s'il cessait de remplir cette destination.

La seconde conséquence est que *plus les colonies diffèrent de leurs métropoles par leurs productions, plus elles sont parfaites, puisque ce n'est que par cette différence qu'elles ont de l'aptitude à leur destination*.

C'est par cette heureuse différence des productions des colonies et de celles du Royaume que ces consommations restées sans prix, faute de consommateurs, ont pu être échangées pour des denrées qui n'avaient plus à craindre la même disgrâce ;

c'est par l'effet de cet échange qu'une multitude de travailleurs, occupés dans le Royaume à l'approvisionnement des colonies, existent sur le superflu des riches qui consomment les denrées de nos colonies, et qu'une multitude encore plus grande existe aux dépens de l'étranger que les denrées rendent tributaire de la France dans la balance du commerce.

La troisième vérité qui suit de la destination des colonies est qu'elles doivent être tenues dans le plus grand état de richesse possible et sous la loi de la plus austère prohibition en faveur de la Métropole. Sans l'opulence, elles n'atteindraient point à leurs frais ; sans la prohibition, ce serait encore pire ; elles manqueraient également leur destination, et ce serait au profit des nations rivales ».

La théorie de Montesquieu, commentée comme il vient d'être montré par les bureaux du Ministère, avait trouvé sa formule précise et définitive dans le *pacte colonial*.

C'était bien plutôt une sorte de programme réglant, sur l'initiative souveraine de la Métropole, les rapports commerciaux avec les colonies qu'un contrat librement débattu ; car les colonies étaient bien plutôt des choses que des personnes, aussi le terme employé de pacte était inexact. Mais quoique ce fut l'intérêt unique de la Métropole qu'on eut en vue, en soignant les colonies et en les tenant dans le plus grand état de richesse possible (Il faut créer, il faut conserver, portaient les instructions de 1765 avant que de jouir) afin d'en tirer le meilleur profit on leur avait cependant en fait accordé certains avantages qui pouvaient en apparence être interprétés comme la contre-partie des charges qu'on leur imposait.

Ce pacte colonial comprenait trois dispositions principales.

1° Les produits métropolitains devaient être seuls reçus sur le marché colonial. Cette première règle entraînait cette conséquence que les produits métropolitains ne pouvaient être concurrencés dans les colonies par aucun autre produit similaire.

De là l'interdiction aux colons de manufacturer les produits de leur sol. En conséqueuce, les Antilles ne pouvaient raffiner leur sucre pas plus d'ailleurs qu'à la même époque les provinces anglaises d'Amérique n'avaient le droit de faire un clou, un anneau ou un fer à cheval.

2° Les produits coloniaux ne pouvaient être exportés que sur le marché métropolitain. Cette règle avait pour corollaire que la Métropole interdisait chez elle l'importation des produits des colonies étrangères ;

3° Le transport des marchandises à destination ou en provenance des colonies ne pouvait être effectué que par des vaisseaux nationaux.

Le pacte colonial ainsi décrit, comportait deux monopoles qui se faisaient pendant l'un à l'autre : le monopole du marché métropolitain pour les produits coloniaux et le monopole du marché colonial pour les produits métropolitains. Mais par cela même une pareille combinaison ne pouvait utilement fonctionner que vis-à-vis de deux pays dont les productions étaient différentes. Les Antilles n'avaient pas de blé, la France leur envoyait donc des farines, la France n'avait pas de sucre et les Antilles y expédiaient le leur.

Mais le pacte colonial perdait toute raison d'être quand on se trouvait en présence de deux pays ayant des productions identiques, aussi les instructions de 1765 font-elles remarquer, que plus les colonies diffèrent de leur métropole par leurs productions, *plus elles sont parfaites.*

Les colonies à produits similaires étaient donc très mal vues.

« Les Anglais, lit-on encore dans les instructions de 1765, établis dans l'Amérique septentrionale (1), n'avaient à offrir à la vieille Angleterre que des denrées semblables à celles du sol principal ; mais entre les sexes semblables, la nature n'a mis ni fécondité ni subordination ; la nouvelle Angleterre avait aussi bien que sa métropole le blé à qui appartient la force et la richesse ; elle avait mieux que sa métropole la pêche qui fonde la puissance maritime ; elle avait mieux que sa métropole, le bois de construction, le goudron et une infinité d'objets qu'elle lui fournit.

« L'Angleterre ne pouvait donc avoir qu'un commerce passif avec sa colonie qui, marchant avec rapidité vers sa grandeur future ne servait et ne sert encore sa métropole que pour arriver à l'indépendance. »

Ces observations expliquent bien le discrédit

---

(1) Choiseul et la France d'Outre-Mer par Daubigny, page 241.

dans lequel était tombé le Canada. Ayant les mêmes produits que la France, il ne semblait devoir être d'aucune utilité pour la Métropole.

Voltaire ne faisait que reproduire le sentiment universel en écrivant que les quelques arpents de neige du Canada coûtaient beaucoup et rapportaient peu.

Cette opinion était encore accréditée à la fin du XVIIIe Siècle, on y voit un Ministre de Louis XVI, M. le comte de Vergennes, écrire au comte de Guines, le 7 août 1775 :

« Le Conseil du roi d'Angleterre se trompe grièvement s'il se persuade que nous regrettons autant le Canada qu'il peut se repentir d'en avoir fait l'acquisition » (1).

Au fond nos pères étaient bien convaincus qu'ils avaient joué un vilain tour aux Anglais en leur cédant nos provinces d'Amérique.

Mais même quand la France eut cédé le Canada, le pacte colonial qui, désormais devait fonctionner harmonieusement suivant le principe de la diversité des productions qui lui servait de base, ne procura pas à la France les avantages qu'elle en attendait.

Elle avait cru qu'il lui assurerait un débouché privilégié pour ses produits, en même temps qu'il lui permettrait de se procurer au moindre prix, sans avoir à payer aucune taxe à une nation étrangère, des denrées coloniales dont elle avait besoin. Mais les Antilles avaient trop d'intérêt à s'approvi-

---

(1) Histoire de la question coloniale en France, par Léon Deschamps, page 245.

sionner près d'elles, dans les provinces de l'Amérique du Nord, d'une partie des articles nécessaires à leur alimentation, et les provinces du Nord avaient trop d'intérêt à les leur fournir pour que des échanges ne s'établissent pas entre eux avec ou sans le gré de la Métropole.

D'autre part les denrées coloniales ne revenaient point à meilleur compte à Paris qu'à Rotterdam, parce que les Antilles n'étaient pas seules à les produire. C'est ce que démontrait excellemment Turgot dans son mémoire au Roi sur la manière dont la France et l'Espagne devaient envisager les suites de la querelle entre la Grande-Bretagne et ses colonies (1).

« Les colonies à sucre, écrivait-il, ont par la nature du sol et de la culture et par la forme de leur population, une foule de besoins que les côtes de l'Amérique septentrionale peuvent seules leur fournir, les bestiaux, les bois de chauffage et de charpente, etc. Aucune autre nation ne peut leur fournir à un prix aussi avantageux les denrées les plus nécessaires à la vie, telles que le blé, la farine et la morue qui sert à la nourriture des esclaves, etc.

Ces mêmes colonies à sucre n'ont par la nature de leur sol, de leur culture et de leur population, aucun des moyens qu'ont celles du continent septentrional pour entretenir une marine florissante ; elles ne peuvent donc aller chercher elles-mêmes

---

(1) Œuvres de Turgot, édition E. Daire, tome II page 558 et suivantes.

les objets de leurs besoins, elles ont donc le plus grand intérêt de les recevoir des Anglo-Américains qui ont le plus grand intérêt à les leur apporter ».

Et il ajoutait : « On calcule le produit de nos colonies à sucre par centaines de millions, et l'on a raison si l'on compte la somme totale de leurs productions évaluées en argent ; mais cette valeur qu'il faut connaître appartient en entier aux colons et non pas à la France ? Il n'y a que trois manières de calculer le profit que fait une nation avec ses colonies.

« D'abord par rapport au commerce de la nation en général. La production et la consommation sont les deux termes de tous les échanges du commerce. Le producteur vend, le consommateur achète. Dans le commerce de la France avec les colonies, elle achète de celles-ci le café, le sucre, le coton, l'indigo dont elle a besoin ; elle vend à ses colonies les farines, les vins, les étoffes, les ouvrages manufacturés qu'elle produit ou qu'elle façonne. L'intérêt de la nation, dans ce commerce, est d'un côté de vendre le plus avantageusement possible les denrées produites de son sol et les ouvrages de son industrie ; de l'autre d'acheter au meilleur marché possible, car quant à l'agrément d'avoir en abondance les différentes denrées que produisent les îles de l'Amérique, il est notoire que ces denrées sont tout aussi communes dans les Etats qui ne possèdent point de colonies que dans les autres.

« Pour juger donc précisément de l'avantage qui revient à la France de posséder des colonies dont elle s'est réservé le commerce exclusif, il faut savoir si les denrées du cru, les blés, les vins, les étoffes s'y vendent à plus haut prix, si les cafés, les indigos, les cotons s'y achètent à meilleur marché que dans les pays de l'Europe qui ne possèdent point de colonies, tels que les Pays-Bas autrichiens ou la Suisse. Comme cette différence n'existe pas dans le fait, comme le cultivateur et le manufacturier flamand ou suisse vendent aussi bien leurs denrées ; comme ils se procurent celles de l'Amérique à un taux aussi avantageux, on peut en conclure que les producteurs et les consommateurs étrangers profitent des colonies autant que ceux de la nation qui croit les posséder exclusivement.... »

Exactement à la même époque en 1776, Adam Smith examinant les résultats que le système mercantile avait donné pour les métropoles écrivait : « Les gouvernements de la Grande-Bretagne, nous ont, pendant plus d'un siècle, leurré du tableau d'un grand empire que nous possédions de l'autre côté de l'Atlantique. Cet empire n'existait que dans notre imagination. C'était, non un empire, mais un semblant d'empire, non une mine d'or, mais un projet de mine d'or. Ce rêve nous a coûté, nous coûte et nous coûtera, si nous persistons dans nos anciens errements, des dépenses immenses, sans nous rapporter aucun avantage, car les effets du monopole commercial se résolvent pour la masse de la nation en pertes et non en bénéfices (1). »

Pour en revenir au Ministre de Louis XVI, le

(1) Interprétation économique de l'histoire Thorold Rogers, page 296.

bon et généreux Turgot, une des gloires les plus pures de l'ancienne monarchie, reconnaissant implicitement cette vérité, expression de justice sociale, que chaque collectivité d'individus constitue une personnalité ayant droit à l'existence et par conséquent au choix des moyens les plus propres à l'assurer et à la développer dans des conditions normales, émettait le sage avis qu'il fallait « consentir de bonne grâce à laisser aux colonies une entière liberté de commerce en les chargeant de tous les frais de leur défense et de leur administration, à les regarder non plus *comme des provinces asservies*, *mais comme des Etats amis*... » (2).

Malheureusement les idées de Turgot n'eurent point le temps de germer en France, emportées qu'elles furent par le vent et la tourmente révolutionnaire et napoléonienne.

On les avait si bien perdus de vue en 1815, que lorsque l'Angleterre eut restitué à la France une partie de ses colonies et qu'on eut procédé à la réorganisation des établissements d'outre-mer, ce fut encore la doctrine de l'utilité exclusive appliquée dans les dispositions du pacte colonial qui inspira le règlement des rapports commerciaux des colonies avec la Métropole.

Cependant un fait d'une immense portée s'était produit, au commencement du siècle, qui aurait dû faire écarter l'application de cette doctrine ; c'était la création de la sucrerie indigène.

Les colonies qui étaient surtout des colonies à

(2) Œuvres de Turgot édition Daire 2e volume, page 559.

sucre n'étaient désormais plus seules à produire cette denrée, on la fabriquait dans la Métropole avec la betterave. Il n'était donc plus possible de réserver aux Antilles un marché qui appartenait aussi aux agriculteurs des départements du Nord.

Le principe de réciprocité de monopole qui avait été le correctif équitable, mitigeant l'iniquité du vieux pacte colonial, disparaissait. On aboutissait à l'exploitation inintelligente et sans compensation des colonies par les métropoles.

Quand l'Algérie fut conquise, on n'hésita pas à la placer sous le joug de la doctrine utilitaire et ce furent les dispositions restées encore debout du pacte colonial qui lui furent immédiatement appliquées.

En 1834, la Commission d'Afrique nommée pour donner son avis sur l'organisation politique financière et commerciale à instituer dans les possessions du Nord de l'Afrique, comme on les appelait alors, disait dans son rapport sur les douanes (1) :

« Il s'agit, *avant tout*, pour la France, en colonisant une partie de l'Afrique septentrionale, d'ouvrir des débouchés à nos manufactures, de chercher pour notre commerce et notre marine des moyens nouveaux d'échange, l'emploi d'un nombre considérable de navires ; or, ce serait aller contre le but et vouloir se laisser dépasser par la concurrence étrangère que de lui livrer le libre accès de nos possessions d'Afrique sans y réserver quelques

(1) Procès-verbaux et rapports de la Commission d'Afrique instituée par ordonnance de Roi du 12 décembre 1833, page 514.

avantages à notre pavillon, aux produits de notre sol et de notre industrie. »

Il ne faut pas trop se laisser prendre à la modération relative des demandes de la commission et croire que ce qu'elle réclamait uniquement, c'était une sorte de partage du commerce d'Afrique dans lequel la France aurait seulement un lot supérieur à celui de l'étranger.

C'était bien au contraire le monopole des transports maritimes et, dans une mesure léonine, le monopole des importations qu'elle sollicitait.

Le Gouvernement ne s'y trompa point, aussi les ordonnances qui suivirent établirent en principe des droits sur presque tous les produits étrangers importés dans la colonie, dont le montant alla sans cesse en croissant, et la navigation entre la colonie et la Métropole fut entièrement livrée aux navires français.

Quant aux exportations algériennes, il pouvait d'autant moins être question de leur réserver à titre de réciprocité le marché national que même sous l'ancien régime une telle mesure qui prenait sa source dans la diversité respective des produits n'eut pas été possible.

La Métropole ne pouvait un instant penser à protéger les céréales et le bétail algérien aux dépens de ces propres céréales et de son propre bétail. Non seulement on ne réserva aucun monopole aux produits algériens mais encore on ne leur fit aucune faveur sur le marché français, on tendit simplement à les écarter en les frappant des droits de douanes comme s'ils étaient des produits étrangers.

On ne se préoccupait donc pas de mettre la colonie en cet état de prospérité matérielle que conseillaient les instructions de 1765 dans l'intérêt de la Métropole dont les prélèvements devaient croître en proportion même du développement de la richesse coloniale.

Ne recevant que peu ou pas de produits manufacturés de l'étranger, ne pouvant utiliser ses navires qui passaient au large devant ses ports, l'Algérie ne pouvait nouer avec l'étranger des échanges et lui envoyer ses produits naturels. D'autre part, la Métropole écartant ses exportations, elle devait en définitive les garder pour compte.

Dans cet état de gêne et de misère incompatible avec les exigences de la production, la puissance de consommation du pays devenait nulle, la demande des produits manufacturés de la Métropole s'arrêtait et par voie de conséquence, le monopole de la navigation et de l'importation restait stérile.

Il est nécessaire d'arriver jusqu'à l'Empire pour voir le gouvernement plus intelligent de la situation faire intervenir la logique et la vérité dans le règlement du régime commercial de l'Algérie en autorisant l'entrée en franchise des produits algériens en France.

L'Empire fit plus.

Réalisant les idées de Turgot, il se décida enfin à considérer les colonies comme des Etats amis et à leur laisser une liberté de commerce à peu près entière.

Elles purent désormais, en vertu des dispositions

contenues dans le Sénatus-Consulte du 4 juillet 1866, avoir des budgets locaux comprenant en dépenses les frais d'administration locale et, en recettes, les impôts locaux. Pour augmenter ces recettes et les mettre à même de supporter les dépenses qui, jusque-là avaient figuré dans le budget de la marine, elles furent désormais maîtresses d'établir un octroi de mer, c'est-à-dire une taxe perçue au profit des communes sur les marchandises de toute provenance et facultativement des tarifs de douane sur les marchandises, produits naturels ou manufacturés venant de l'étranger.

L'Algérie bénéficia de ce large mouvement de liberté commerciale ; les lois du 19 mai 1866 et 17 juillet 1867 sans lui donner l'autonomie commerciale lui concédèrent du moins un régime d'assimilation tempérée par des faveurs et des exemptions.

Les derniers liens du pacte colonial furent brisés, on admit en franchise, ou avec des modérations de droits, un grand nombre de produits, la navigation entre la France et l'Algérie fut rendue accessible à tout pavillon.

Même en 1870, le Gouvernement impérial, s'engageant de plus en plus dans la voie libérale, songeait à étendre à l'Algérie le bénéfice des dispositions du Sénatus-Consulte du 4 juillet 1866. Un projet de constitution rédigé par une commission sénatoriale, instituée le 5 mai 1869 portait entre autres réformes la création d'un conseil supérieur exclusivement composé de membres élus votant en recettes et en dépenses le budget du service local.

Dans les recettes de ce service figuraient l'octroi de mer, les droits de douane continuant à être perçus au profit du trésor métropolitoin.

Mais le libéralisme dont avait fait preuve le Gouvernement impérial ne pouvait pas survivre à la chute de l'Empire.

Ce libéralisme était tout personnel.

Les mesures de faveur qu'il comportait avaient pu être réalisées par un souverain tout puissant qui, pendant de longues années passées en Angleterre, s'était familiarisé avec la pratique coloniale de cette grande nation. Mais une partie de la France ne les comprenait pas, tandis que l'autre lui était hostile ; aussi en est-on peu à peu revenu aux idées d'antan.

La théorie de l'utilité exclusive a reparu, elle a été remise en vigueur par un Parlement médiocre où les intérêts individuels, égoïstes et souvent bornés l'emportent sur les intérêts nationaux.

Les idées de Turgot ne sont pas simplement méconnues, elles sont complètement oubliées.

Sur plus de 800 membres qui siègent sous la coupole de Luxembourg et du Palais-Bourbon, il n'en est peut être pas 300 en état de le comprendre et à plus forte raison de lire les chapitres prophétiques du beau et dernier livre de Prévost-Paradol.

Les données du pacte colonial destitué forcément, à cause de la similitude des productions, de ce correctif de réciprocité qui en atténuait autrefois l'injustice, continuent donc à présider aux relations commerciales de la France avec l'Algérie et ses colonies.

Les anciens abus ont repris force, et avec les anciens abus les anciennes plaintes se sont réveillées.

« Le tarif général, écrit M. Paul Rougier (1), qui frappe l'importation chez elles (dans les colonies) des produits étrangers, a pour but de les obliger à donner la préférence aux produits métropolitains. Mais le peuvent-elles toujours ?

« Evidemment non.

« La Martinique, la Guadeloupe, la Guyane comme la Nouvelle-Calédonie, à cause de la distance et des frais de transport, ne peuvent raisonnablement faire venir de France le bétail, les farines, le charbon, les engrais dont elles ont besoin. La Réunion notamment ne peut s'approvisionner en France du riz, des houilles qui forment la partie principale de ses achats. Les unes et les autres ne peuvent acheter chez nous que des objets fabriqués, qui ne représentent à peu près que la moitié de leur importation.

« Est-il rationnel d'imposer à ces colonies l'obligation de s'approvisionner en France d'objets qui s'offrent à plus bas prix de pays étrangers plus rapprochés ? En ce qui concerne par exemple les viandes salées, serait-il admissible que la France les fît venir des Etats-Unis pour les réexporter aux Antilles ? Ce n'est pas au moyen de droits de douane sur des marchandises de première nécessité qu'on pourra arriver à accroître de force le commerce entre la France et ses possessions d'outre-mer. Les droits de douane en élevant le prix des choses usuelles pèsent lourdement sur les consom-

(1) Précis de législation et d'économie coloniale.

mateurs et ne leur laissent plus assez de ressources pour acheter les objets dont ils n'ont qu'un moindre besoin, et qui précisément sont ceux que fabrique la Métropole. L'application du tarif général métropolitain risque donc d'être absolument désastreuse pour nos colonies. Tels ont été les avis exprimés chez elles par leurs conseils locaux sur l'application de la loi du 21 janvier 1892, réglant le nouveau tarif des douanes. »

Ne croit-on pas entendre à plus d'un siècle de distance l'écho des critiques si puissamment formulées par Turgot ?

Cette résurrection de la doctrine de l'utilité a eu, comme nous l'avons déjà dit, son contre-coup en Afrique. Même c'est l'Afrique qui a été la première et la plus durement frappée.

On s'est de nouveau habitué à la considérer comme un pays conquis, comme une propriété dont l'Etat et les particuliers doivent également tirer un profit exclusif au détriment des coloniaux eux-mêmes. Les textes législatifs dans leur allure froide et compassée en sont à ignorer que l'Algérie vit et respire, qu'elle est un être intelligent et sensible et la qualifient toujours de *possession*.

On l'exploite ainsi qu'on ferait d'une ferme. Cette exploitation est devenue barbare, car on la traite aujourd'hui comme un arbre que l'on couperait pour en cueillir le fruit. On ne paraît même plus tenir à la mettre en ce bon état d'entretien conseillé autrefois aux administrateurs des îles, dans l'intérêt bien compris de la Métropole.

Peut-être la regarde-t-on comme une concurrente

virtuellement redoutable qu'on désire écraser au début.

L'unique préoccupation de l'Etat dont nous aurons maintes fois l'occassion de signaler les tendances au cours de cette étude, est donc, non pas de favoriser le développement du pays par de sages et généreuses avances (1), de larges exceptions, de nombreuses immunités dont un jeune pays toujours très dur à l'immigrant ne saurait se passer, c'est de retirer de l'Algérie le plus de revenus qu'il est possible.

L'éternelle question qui, de l'autre côté de la Méditerranée, est posée dans la presse à la tribune, et jusque dans les conversations particulières des agriculteurs dont le vin et le blé se vendent mal, est toujours : que coûte l'Algérie et que rapporte-t-elle ? On suppute chichement, loin d'ailleurs de toute discussion contradictoire, les milliards que la France y a dépensés.

C'est on s'en souvient de pareilles interrogations que Voltaire et ses contemporains se posaient à propos du Canada.

L'Algérie est devenue un autre Canada. On n'ose l'abandonner par amour-propre national, mais beaucoup regrettent qu'on l'ait conquise sur les Turcs, et l'on exige obstinément qu'elle rembourse les frais de son occupation.

(1) Les crédits affectés à l'Algérie pour ses services civils, écrit M. Burdeau (Rapport sur le budget général de l'exercice 1892, (service de l'Algérie), page 3, n'ont reçu aucun développement au cours des 8 dernieres années écoulées.... « Ils sont restés stationnaires et ont *parfois été ramenés bien au-dessous du niveau de 1884* ».

Ses ressources sont si abondantes!

« A dire le vrai, écrivait en 1890 un sénateur, qui depuis à été Ministre des colonies et qui sera peut être quelque jour gouverneur général de l'Afrique du Nord, toutes les forces contributives de la population européenne d'Algérie — nous englobons ainsi les colons français et les colons étrangers — sont, si l'on peut ainsi parler, encore à l'*état vierge* » (1).

A l'état vierge! quand en 1847, c'est-à-dire il y aura bientôt 50 ans, un demi siècle, l'illustre de Tocqueville se plaignait dans son rapport à la Chambre des Députés sur le projet de loi portant demande d'un crédit de 5 millions pour les camps agricoles, qu'elles fut déjà beaucoup trop taxée, et Dieu sait si on l'a chargée depuis :

« L'Algérie n'avait encore que quelques milliers d'habitants, disait-il, que déjà on y introduisait plusieurs des impôts de France : le droit d'enregistrement, les patentes, le timbre *que les colonies anglaises d'Amérique repoussaient après 200 ans d'existence*, les droits de vente, le tarif de nos frais de justice, le système des douanes, le droit de tonnage.... Plusieurs de ces impôts sont moins élevés qu'en France il est vrai, *mais ils pèsent sur une société bien moins capable de les porter* » (2).

Encore quand de Tocqueville écrivait que les im-

---

(1) Rapport fait par M. le sénateur Boulanger au nom de la Commission des finances, chargé d'examiner le projet de loi adopté par la Chambre des Députés, portant fixation du budget général des dépenses et des recettes de l'exercice 1891, page 159.

(2) Tome IX, Œuvres complètes, édition Michel Lévy, page 507.

pôts sont moins élevés qu'en France, se laissait-il illusionner par de simples apparences et ne tenait-il pas suffisamment compte ainsi que nous le démontrerons plus loin de l'incidence ethnique et du jeu accéléré de certaines taxes dans les jeunes pays.

Si par exemple on s'en tient à la lecture littérale des tarifs, il semble que la propriété en Algérie jouisse d'une libération partielle, mais si on considère la fréquence des mutations dans la colonie, on voit que cette prétendue modération de droits se transforme pratiquement en une lourde aggravation.

Ce n'est pas seulement l'Etat qui par tous les moyens possibles essaie de tirer le plus gros revenu de l'Algérie, les particuliers eux-mêmes, commerçants, industriels, les chambres de commerce, les sociétés d'agriculture viennent assaillir leurs députés et leurs sénateurs de leurs doléances intéressées.

Ceux-ci stimulés par la perspective d'une réélection assurée encombrent les antichambres des hôtels ministériels et pèsent sans scrupule sur les décisions d'un gouvernement, dont ils sont devenus les maîtres anonymes, dans l'actuelle déviation du régime parlementaire, toujours en quête de faire attribuer à leurs insatiables commettants quelques marques de protection qu'on ne songe jamais à leur marchander, puisqu'il ne s'agit que de l'Algérie.

Mais à quoi bon continuer ces récriminations dont nous avons essayé pourtant, sans mentir toutefois à notre conscience, d'adoucir autant qu'il était en notre pouvoir l'amertume.

Nous avons plutôt hâte de justifier nos critiques, et c'est ce que nous allons faire en analysant en détail les modernes applications du vieux système mercantile dans les diverses parties du régime commercial de l'Algérie.

Nous entrons ainsi après en avoir sommairement éclairé les abords dans le vif de notre sujet.

CHAPITRE III

—

Du régime des importations en Algérie

—

Importance du régime des importations dans le règlement commercial des colonies. — Historique de l'importation en Algérie. — Le régime actuel d'assimilation douanière : lois des 29 décembre 1884 et 21 janvier 1892. — Coexistence momentanée du tarif algérien et du tarif métropolitain. — Suppression prochaine du tarif algérien. — Application intégrale du tarif métropolitain sans aucune des atténuations accordées à la Corse et aux colonies. — Résultats de l'assimilation douanière : charge de l'importation, son évaluation à 50 millions. — Incidence de la charge douanière en Algérie. — Augmentation générale des dépenses et appauvrissements des populations à l'intérieur. — Les conséquences de l'assimilation douanière à l'extérieur. — Suppression de toute pénétration en Afrique. — Impossibilité de créer un commerce de transit. — Avec des droits modérés, il pourrait y avoir une union douanière entre les Etats du Nord-Afrique comme il y en a une entre ceux du Sud-Afrique. — L'octroi de mer. — Sa supériorité économique et financière sur les taxes directes ou indirectes. — Critiques dont il fut l'objet en 1851 et en 1867. — La reprise de ces critiques par le Ministre du commerce en 1883. — Le reproche d'illégalité. — Sa réfutation tirée soit des dispositions de l'ordonnance de 1844, soit des pouvoirs conférés au Chef de l'Etat. — Le reproche de protection en faveur des produits algériens. — Ce reproche n'est qu'une diversion. — La suppression de l'octroi de mer est considérée par la Métropole comme le complément nécessaire de l'assimilation douanière. — On l'a provisoirement conservé mais en transformant son caractère et en en faisant une arme contre l'industrie locale. — Le monopole du marché algérien n'est pas si avantageux pour la Métropole. — Les recettes de l'Etat ne progressent pas. — Les bénéfices des particuliers sont restreints. — L'exagération des droits a surexcité la fraude. — Elle a attiré en France des industries étrangères. — Elle a épuisé le colon et l'indigène qui achètent moins. — Elle a éloigné les Marocains, les gens du Sahara ou du Soudan qui n'achètent pas.

Le régime des importations a toujours été considéré sans conteste. par les métropoles comme la partie la plus importante du régime commercial des colonies. Il était destiné à assurer des débouchés à la Métropole, à donner un vif essor à son commerce et à son industrie, ce qui était le but ultime de l'établissement colonial.

Aujourd'hui on dit encore en France : il faut avoir des colonies pour se créer des débouchés.

Cette idée là est comme aux siècles derniers l'inspiration et l'âme de toute la politique d'expansion coloniale à laquelle nous assistons depuis quinze ans. On la retrouve dans la bouche de tous les hommes d'Etat qui ont gouverné la troisième

République : Ces mots magiques ont rendu possible l'expédition du Tonkin, pourtant si impopulaire, comme ils ont enlevé les suffrages pour la récente expédition de Madagascar.

On a dit aussi de l'Algérie dès le début qu'elle avait été conquise pour ouvrir de nouveaux débouchés au commerce et à l'industrie de la France, et la Métropole a essayé d'assurer ces débouchés par l'établissement de tarifs protecteurs à l'importation.

Rien n'était plus logique dans le système de la politique commerciale en vigueur.

Du moment que l'Algérie comme les autres colonies était un pays conquis, une sorte de propriété destinée à l'utilité exclusive de la Métropole, il suivait que les nations étrangères n'y pouvaient pénétrer et que leurs produits devaient se heurter aux frontières à une barrière de douane.

Quant à la hauteur de cette barrière, elle fut passablement élevée en général.

Un publiciste qui a joui de quelque notoriété à son époque, Clément Duvernoy, estimait qu'en 1851, les tissus qui ont toujours été le gros article d'importation, étaient grevés de droits qui combinés avec les droits de navigation montaient à 20 0/0 (1).

Cependant, pour être juste, il faut confesser que cette barrière était parfois abaissée.

On l'avait abaissée sous le gouvernement de juillet pour certains produits destinés à l'alimenta-

(1) Pourquoi des douanes en Algérie, page 8.

tion du pays saccagé alors par la guerre ou à l'établissement de nouveaux colons.

On estimait probablement qu'une trop grande rigueur serait préjudiciable à la France elle-même, puisqu'elle aurait pour effet de renchérir les frais d'entretien d'une armée qui montait à 100,000 hommes et d'augmenter les crédits destinés à la colonisation.

C'est ainsi que les grains, les farines, les légumes frais, les bois à brûler, les charbons, les bois de construction et de menuiserie, les pierres à bâtir, la chaux, les briques, le plâtre, les tuiles, les carreaux, les verres à vitre, etc., entraient en franchise. (Ordonnances du 16 décembre 1843 et loi du 9 juin 1845).

Sous l'Empire la barrière fut plus abaissée encore.

L'Empereur, avons-nous dit déjà, avait longtemps vécu en Angleterre, il était imbu des idées de liberté coloniale et personnellement eût désiré faire de l'Algérie un immense port franc :

« L'Algérie avait-il écrit (lettre du 20 juin 1865) doit être ouverte à tous les produits du globe, sans barrière de douane ».

Mais devant les résistances des manufacturiers et des commerçants, le Gouvernement impérial s'était arrêté à une transaction dont la formule assez heureuse se trouve dans la loi du 17 juillet 1867.

Sauf le sucre, le café, le poivre, les clous et griffes de girofle, la cannelle, la muscade, le macis, la vanille et le tabac, qui étaient assujettis à des droits spéciaux ; la fonte, le fer en barres ou en rails, le fil de fer, l'acier en barres, en bandes ou en tôle, le cuivre pur ou allié, laminé, le plomb laminé, les produits chimiques, la poterie fine, le verre autre que le verre à vitres et le cristal, le papier, les machines et mécaniques de toutes sortes, à vapeur ou autres, en appareils complets ou en pièces détachées, autres que les machines et mécaniques servant à l'agriculture, les outils autres que les outils aratoires, les armes de commerce, les ouvrages en métaux de toutes sortes, autres que ceux destinés à l'agriculture, qui étaient soumis au paiement du tiers des droits applicables dans la Métropole ; et les morues de pêche étrangère, les tissus de toutes sortes, les bâtiments de mer et embarcations de toutes sortes, les effets à usage et les boissons fermentées et distillées qui étaient passibles des mêmes droits que ceux de la Métropole ; toutes les marchandises étaient exemptes des droits de douane en Algérie.

Que ces temps sont déjà loin !

Le gouvernement actuel a aboli le régime libéral de la loi de 1867, il a même poussé violemment la réaction jusqu'à écarter les atténuations admises en matières de tarif d'importation par le gouvernement de juillet.

Le tarif métropolitain qui est marqué d'un caractère protectionniste très accentué a été presque tout entier étendu à l'Algérie.

Ç'a été là, l'œuvre de l'article 10 de la loi de finance du 29 décembre 1884 confirmé par l'article 7 de la loi du 21 janvier 1892 qui ont décidé qu'en principe, les produits étrangers importés en Algérie, supporteraient les mêmes droits que s'ils étaient importés en France.

Les lois de 1884 et de 1892 admettent cependant une exception au principe de complète assimilation qu'elles posent.

A côté du tarif métropolitain, elles laissent subsister un tarif algérien, c'est le tarif établi par le tableau A de la loi de 1867, modifié par la loi du 19 mars 1875.

Les sucres bruts de toute origine paient 20 francs, les sucres raffinés 30 francs, les cafés 30 francs, le poivre et le piment en grains ou moulus 15 francs, les clous de girofle 30 francs, en griffes 12 francs, les cannelles de toutes espèces et le cassia lignea 15 francs, la muscade en coque 50 francs, sans coque 75 francs, la vanille 100 francs, le tabac en feuilles ou en côtes 20 francs, fabriqué 40 francs.

Il est à remarquer que la réduction de droits qui est considérable sur les marchandises de luxe comme la girofle, la cannelle, etc., qui payent en France 208 francs par 100 kilos est au contraire assez limitée sur les denrées de consommation usuelles comme le café et le sucre raffiné qui payent en France respectivement 156 et 60 francs par quintal, ce qui fait par exemple pour le sucre qui paye 30 francs en Algérie, auxquels il faut ajouter 20 francs d'octroi de mer, que la tarification est à peu près la même qu'en France, à 1/6 près (1).

(1) L'Algérie consomme de 5 à 6 millions de sucre qui au budget de 1895 sont portés pour les droits de douane seulement à 4,185,000.

M. le Commissaire du gouvernement Pallain, dans la séance de la Chambre des Députés du 20 mars 1895, estimait qu'en 1894, l'Algérie avait joui du chef de son tarif spécial, d'une modération de plus de 9,600,000 francs, parce que les denrées coloniales n'avaient acquitté que 5,450,000 francs, d'après le tarif privilégié, alors que d'après le tarif du droit commun, elles eussent dû donner plus de 15,090,000 francs.

L'argumentation de l'honorable Commissaire du gouvernement n'était peut être pas aussi probante qu'il le supposait, car souvent à vouloir trop élever les droits, on diminue leur rendement au lieu de l'augmenter.

Il est présumable que si l'indigène devait payer 60 francs par quintal sur le sucre raffiné, dont la valeur vénale ne dépasse pas 35 francs, à la place d'en payer 50, dont 20 francs d'octroi de mer, comme il le fait aujourd'hui, il s'adresserait couramment à la contrebande qui déjà lui est bien connue et qui certainement se contenterait d'un moindre bénéfice que le Trésor.

Il s'en faut au surplus que le maintien du tableau A de la loi de 1867 ait été décidé dans un but de faveur.

La vérité c'est qu'en 1884, on remaniait l'octroi de mer, on lui interdisait directement et indirectement de frapper les produits métropolitains, il a donc bien fallu chercher d'autres ressources locales, on les a demandées en grande partie aux denrées coloniales, qu'on n'a pu dès lors taxer au droit plein, sous peine de les rendre encore plus chères en Algérie qu'en France.

L'industrie métropolitaine n'avait pas d'ailleurs à souffrir de cet abaissement de tarifs à part les raffineries de sucres, mais précisément les sucres n'avaient bénéficié que de la moindre réduction (1).

Au surplus à l'heure actuelle, le tarif algérien paraît bien menacé.

Le projet du budget de 1896 récemment déposé par M. Ribot comporte la création de 4 millions de nouveaux impôts de douane, à prendre évidemment sur les denrées coloniales qui seules ne sont pas taxées au plein tarif.

---

(1) On peut remarquer en passant que la coexistence de deux tarifs en Algérie a donné à ce pays une physionomie équivoque qui autorise la Métropole à l'envisager suivant ses convenances du moment, soit comme une colonie, soit comme un groupe de départements.

Quand il s'agit de lui refuser le benéfice d'une exemption dont jouit le territoire métropolitain, comme par exemple de l'exemption du droit de statistique qui atteint les marchandises qui entrent ou qui sortent du territoire de la France, mais non point celles qui circulent d'un point à l'autre de ce territoire, le gouvernement objecte volontiers que l'Algérie est un pays à part, une colonie ; que la loi du 11 janvier 1892, dans son tableau E la dénomme possession coloniale ; que la Cour de Cassation elle-même (arrêt du 9 juin 1891) déclare qu'elle n'est point complètement assimilée au point de vue douanier.

C'est là le langage qui a été tenu dans la séance de la Chambre des Députés du 20 mars 1895.

Quand il s'agit au contraire de la grever de quelques charges nouvelles ou de lui retirer une de ses immunités personnelles, on oppose le principe d'assimilation douanière :

« Cette taxe, écrivait M. le Ministre du commerce Hérisson à M. le Gouverneur général Tirman, en parlant de l'octroi de mer, aurait dû logiquement disparaître au lendemain de la loi du 17 juillet 1867 *qui a assimilé au point de vue douanier* le territoire algérien au territoire français » (Procès-verbaux des délibérations du Conseil supérieur, session extraordinaire 1884, page 224), et c'est en se basant sur cette assimilation qu'on est en effet arrivé à la dénature et à préparer sa disparition en *la soumettant aux règles de l'octroi de terre, comme nous le montrerons plus loin.*

C'est un prélèvement à peu près de moitié sur la différence signalée par M. le Commissaire du gouvernement Pallain, pour les denrées coloniales, entre le produit du tarif de droit commun et celui du tarif algérien. Il va sans dire qu'il n'y a là qu'un commencement, et que la deuxième moitié aura bientôt le sort de la première.

Dans un temps qui est proche, l'Algérie sera donc, douanièrement parlant, absolument assimilée à la France.

Non seulement, elle ne jouira pas des modiques exemptions que lui avait concédé le gouvernement de juillet en 1845, mais elle sera encore moins bien traitée que la Corse ou les colonies en 1895.

La Corse jouit en effet d'immunités appréciables qui lui ont été reconnues par des actes législatifs déjà anciens, par exemple par les lois du 21 avril 1818, 17 mai 1826, 2 juillet 1836 et qu'on lui a maintenues en 1892.

Dans cette île, certaines matières animales acquittent des taxes excessivement réduites, comme les bœufs, les vaches, les taureaux, les moutons, les porcs, etc., qui payent respectivement : 1 fr. 20 ; 0 fr. 36 ; 1 fr. 20 ; 2 fr. 40 ; 3 fr. 60 plus 4 0/0, au lieu de 10 francs par 100 kilos (poids vif) pour les bœufs, vaches et taureaux ; 15 fr. 50 par 100 kilos (poids vif) pour les moutons ; et 8 francs par 100 kilos (poids vif) pour les porcs.

Certaines fabrications n'acquittent que la moitié des droits exigibles sur le continent, comme les tissus de lin et de chanvre et la plupart des marchandises taxées au poids pour la portion excédant 6 francs par 100 kilos.

Enfin certaines matières végétales jouissent de droits réduits comme le tabac.

Quant aux colonies, l'article 4 de la loi du 21 janvier 1892 admet :

« Que les conseils généraux et les conseils d'administration... pourront... prendre des délibérations pour demander des exceptions au tarif de la Métropole... Il sera statué sur elle dans la même forme que les règlements d'administration publique ».

C'est en s'appuyant sur cette disposition favorable que le Conseil général de la Guadeloupe a pu obtenir quelques adoucissements. Un décret du 29 novembre 1892, a exempté de droits plusieurs denrées touchant à l'alimentation : les viandes salées, les farines de froment, de maïs ainsi que la houille, les futailles vides pour l'emballage des sucres, etc. Aucun dégrèvement d'ailleurs n'a été consenti pour les fabrications.

Ne peut-on pas déplorer que par identité de situation, le législateur n'ait pas songé à reconnaître à notre Conseil supérieur le droit de réclamation qu'il reconnaissait aux Conseils généraux des colonies, et ne peut-on pas voir là un nouveau signe de la défaveur constante dont l'Algérie est l'objet ?

Avec l'esprit qui domine en France, elle n'en eût peut-être pas tiré un bien gros avantage puisqu'elle importe surtout des produits fabriqués et que lorsqu'il s'agit de diminuer leurs profits, les riches industriels qui ont l'oreille du gouvernement ne veulent guère entendre raison.

Elle eût pu cependant bénéficier sur les denrées d'alimentation qu'elle importe, surtout de l'étranger. de certaines réductions qui dans l'état de crise qu'elle traverse eussent été bien accueillies.

Voilà quel est en gros, avec la modification imminente que nous avons indiquée et qui aura pour résultat d'en augmenter encore la dureté, le régime des importations en vigueur en Algérie.

Mais nous avons maintenant à présenter quelques chiffres afin que l'on puisse exactement se rendre compte des résultats qu'a donné l'assimilation douanière.

Dans ce but, portons tout d'abord notre attention sur l'origine et la nature des importations algériennes.

Voici, au sujet de l'origine des importations les derniers renseignements que donnent les statistiques (1).

Nous les avons groupés en tableau pour les rendre plus clairs :

Années	Importations totales	Part de la France	Part de l'Etranger
1891...	268.000.000	207.092.000	61.929.000
1892...	239.700.000	189.639.000	50.118.000
1893...	231 300.000	184 754.000	46.551.000

(1) Statistique générale de l'Algérie, pages 272, 278 et 279.

Soit en 1891 77 p. 0/0 pour la France et 23 p. 0/0 pour l'Etranger.

1892 79 p. 0/0 pour la France et 21 p. 0/0 pour l'Etranger.

1893 80 p. 0/0 pour la France et 20 p. 0/0 pour l'Etranger.

Mais en 1893, l'Algérie a été obligée de demander pour 6,644,000 francs de céréales à l'étranger au lieu de 2,530,000 francs en 1892 et de 3,817,000 francs en 1891. Il y a là une surdemande due à des causes climatériques qui ne sont pas destinées à se reproduire annuellement. On peut donc retrancher la différence de la dernière année pour s'en tenir à la moyenne des deux autres, soit 3.173.500. Dans cette hypothèse, la part de la France se serait élevée pour 1893 à 80 0/0 et corrélativement celle de l'étranger serait descendue à 20 0/0.

Il est indéniable en présence de cette constatation que l'importation étrangère recule de plus en plus devant l'importation française. Cette vérité devient encore plus évidente, si l'on examine la nature des importations.

On voit que l'importation de la France se compose surtout de fabrications, soit 33.863,000 francs de tissus de toutes sortes ; 9,347,000 francs d'ouvrages en peaux ou en cuirs ; 9,501,000 de vêtements confectionnés ; 7,357,000 francs d'outils et ouvrages en métaux, etc., le surplus étant représenté par les vins 6,704,000 ; les eaux-de-vie 3,014,000, les pommes de terre 2,063,000, etc., et que ses articles fabriqués prennent de plus en plus la place des articles similaires étrangers.

Les tissus étrangers de toutes sortes, les vêtements confectionnés, les machines et mécaniques, les cordages de chanvre, de sparte, etc., disparaissent ; les tissus de coton étrangers par exemple qui s'étaient élevés en 1891 à 6,980,000 sont tombés en 1892 à 3,923,000 ce qui donne une diminution de 54 o/o et en 1893 à 1,140,000 ce qui représente une diminution de 84 o/o sur 1891.

A la vérité les tissus de coton français ont également fléchi.

Ils sont tombés de 30,097,000 en 1891 à 25,239,000 en 1892, ce qui donne une diminution de 17 p. o/o et en 1893 à 23,252,000, ce qui donne une diminution de 23 p. o/o, mais ce fléchissement, d'ailleurs beaucoup plus faible, s'explique, nous le savons, par l'appauvrissement des indigènes et des colons, qui a pour conséquence de diminuer leur puissance de consommation et aussi par le développement de la fraude et de la contrebande.

On peut dire qu'à l'heure actuelle, les nations étrangères ne fournissent guère à la colonie que les marchandises que la France est incapable de lui offrir.

Ces marchandises consistent surtout en objets d'alimentation. Les cafés, les céréales (orge, blé dur, blé tendre) et les bestiaux à eux seuls donnent près de 20 millions, (exactement 19,833,000) soit 42 p. o/o de l'importation totale étrangère.

Il est donc bien vrai que la France a atteint le but qu'elle visait et qu'elle jouit pleinement du monopole du marché algérien.

Mais ce but n'a pu être atteint qu'au prix de

bien lourds sacrifices pécuniaires de la part de l'Algérie.

En 1858, à une époque où le régime douanier de l'Algérie était en discussion, Clément Duvernoy, dans une brochure que nous avons déjà citée, supputait que ce que l'Algérie payait 100 milllons (chiffre de son importation en 1850) elle le paierait 110 avec l'assimilation douanière, et seulement 90 avec la liberté des échanges.

En 1858, l'Algérie jouissait d'une modération relative en matière de taxation douanière, elle était assimilée au point de vue des exportations, mais non au point de vue des importations. Son tarif particulier était privilégié, il admettait en franchise de nombreux articles qui sont frappés aujourd'hui.

On pourrait dès lors dire que l'Algérie de 1895 qui va être complètement assimilée, paiera 110 ce que l'Algérie de 1858 payait 100 et ce que l'Algérie libre paierait 90. L'écart extrême serait de 20 millions, et comme elle importe, non pas 100, mais au minimum 250 millions par an, l'écart actuel serait de 50 millions.

Nous allons voir que ces chiffres sont exacts, ce qui donnerait à penser que les tarifs de 1851 et de 1892, bien que construits sur des types différents, aboutissent en fin de compte à la même moyenne générale de droits.

Il est évident qu'on ne peut pas arriver à fixer d'une manière mathématique l'élévation d'un tarif.

Quand on parcourt le gros volume du tarif des douanes de France, on rencontre tant d'articles divers, tant de distinctions et de sous-distinctions, qu'il est impossible à moins de posséder des connaissances techniques et universelles de dégager, même l'unité de marchandise sur lequel chaque droit est assis et cette unité dégagée d'en déterminer la valeur intrinsèque pour calculer la proportionnalité du droit.

Mais l'impression qui se dégage bien nettement de la lecture de cet interminable volume, c'est que la presque totalité des produits dont l'homme se nourrit ou qu'il met en œuvre est atteinte.

Le tarif des douanes comprend cependant des exemptions.

Elles sont assez peu nombreuses pour qu'on puisse à quelques-unes près, les énumérer toutes.

Ce sont :

Dans les matières animales

Les pelleteries brutes, les laines en masse et en peaux, les crins bruts, les plumes de parure brutes ou apprêtées, les soies en cocon, les suifs, la nacre de perle, les cornes de bétail brut.

Dans les matières végétales

La résine, le caoutchouc, diverses variétés de bois exotiques, le coton en laine et non égrené, le chanvre, le jute, la ramie, les joncs et roseaux (dans lesquels on doit ranger les alfas).

Dans les matières minérales

Les marbres bruts ou équarris, l'albâtre brut ou équarri, les agates, le cristal de roche, les pierres de construction brutes, le plâtre, la marne, la glace congelée, les minerais de toutes sortes, or, argent, fer, cuivre, plomb, étain, zinc, nickel, antimoine, etc.

Dans les fabrications

Le nitrate naturel, le sulfure naturel, les tartres bruts, les engrais chimiques servant à l'agriculture, le cochenille, le kermès animal, le cachou en masse, la garancine, les lisières de drap, les livres, les journaux, les photographies, les pelleteries préparées ou en morceaux cousues : loups marins, loutre de mer, etc., les balais communs de bouleau non emmanchés, le corail taillé non monté, les instruments d'optique, de chirurgie et de chimie pour le laboratoire.

Ces diverses marchandises, on a dû le remarquer sont en général, les livres et instruments exceptés, soit des produits spontanément fournis par la nature, soit des marchandises n'ayant reçu qu'une première et légère façon, que la France ne fournit pas et qui sont destinées à servir de matières premières à l'industrie nationale.

Comme l'Algérie ne possède pas d'industrie, ces exemptions ne la concernent réellement pas, à part celles qui ont trait aux engrais chimiques servant à l'agriculture, encore cet article devient-il de nulle importance depuis que d'énormes gisements de phosphates ont été découverts dans le pays.

Ces exemptions ne lui sont donc pas utiles, elles lui sont même onéreuses, en laissant dénuées de protection dans la Mère-Patrie certaines matières premières qu'elle y exporte. Mais c'est là un point que nous retrouverons au chapitre des exportations.

Les seules exemptions qui pourraient intéresser véritablement la colonie seraient celles qui auraient pour objet des articles manufacturés et des articles d'alimentation, puisque ce sont eux qu'elle consomme, mais ces articles ne comportent pas d'exemptions dans le tarif des douanes.

Les Chambres de commerce algériennes et notamment la Chambre de commerce d'Alger (1) avaient pourtant bien réclamé l'entrée en franchise pour certains produits qu'elles estimaient être de première nécessité :

« Les droits sur les bois de charpente et d'ébénisterie, disait-elle, ferait renchérir les produits de la menuiserie et conséquemment la construction des immeubles.

Sur les marbres, ils tendraient à faire abandonner en partie l'emploi de cette matière qu'on remplacerait, mais avec désavantage par d'autres produits du pays, pierre dure, ciment comprimé, terre cuite.

Sur les soufres, ils auraient pour unique et fâcheuse conséquence d'augmeuter les frais de culture de la vigne.

---

(1) Exposé des travaux 1889-1890, page 293.

Sur les houilles, ils gêneraient le développement de la grande majorité de nos industries et feraient augmenter le prix des transports déjà trop élevés.

Sur les maïs, ils feraient délaisser ces matières par la distillerie qui les remplacerait par des produits locaux, céréales, vins.

Sur les cuirs, ils augmenteraient le prix de la fabrication d'objets absolument utiles. »

Le langage de la Chambre de commerce d'Alger n'a pas été écouté, il est même douteux qu'il ait été seulement entendu.

Les bois de charpente et d'ébénisterie, les soufres raffinés, les houilles crues, les cuirs, les maïs et mélasses ont été frappés de droits souvent très lourds. Les maïs 3 francs par quintal, les chaussures 1 à 2 fr. 50 la paire, etc.

Les tarifs métropolitains ne sont-il pas essentiellement destinés à protéger indistinctement toutes les branches de la production nationale, le comcommerce, l'industrie, l'agriculture, et rien que cette production ?

Quant à l'Algérie, son rôle économique ne consiste-t-il pas uniquement à servir de marché privilégié aux produits métropolitains ?

C'est un fait bien acquis que d'une part l'Algérie ne jouit pas en matière de tarif d'importation d'exemptions qui lui soient propres, et que d'autre part à cause de la différence de situation économique, elle ne peut pas profiter des exemptions inscrites au tarif général en faveur de la France.

Ce tarif pèse donc très lourdement sur elle.

Mais pour préciser davantage encore, quelle est la mesure arithmétique de ce poids ?

Le tarif général de France se divise en tarif général et tarif minimum (1).

Ce dernier a un caractère exceptionnel, c'est un tarif de faveur qui pour employer les termes de la loi de 1892 peut être appliqué aux marchandises originaires des pays qui feront bénéficier les mardises françaises de leurs tarifs les plus réduits.

En face de ce tarif exceptionnellement favorable,

---

(1) Il y a toujours eu deux tarifs de douane.

Sous l'Empire, c'était le tarif général et le tarif conventionnel, ce dernier servant, ainsi que son qualificatif l'indique, de base aux conventions internationales, aux traités de commerce. Il y a aujourd'hui le tarif général et le tarif minimum.

Le tarif minimum correspond à peu près au tarif conventionnel, avec cette différence essentielle toutefois que les droits consentis par traité de commerce ne peuvent être abaissés au-dessous des limites fixées par lui.

Ce tarif minimum est-il applicable de plein droit à l'Algérie même en cas de silence d'un traité de commerce ?

Ce qui fait difficulté, c'est que l'administration des douanes tenait autrefois que les traités de commerce qui mettent aujourd'hui en œuvre le tarif minimum, n'étaient applicables dans la colonie qu'autant qu'ils contenaient une stipulation formelle dans ce sens.

Elle paraît être revenue sur cette interprétation judaïque qui a perdu, il faut le reconnaître, beaucoup de sa valeur en présence de l'assimilation douanière qui régit de plus en plus l'Algérie et qui en opère la confusion avec la France. Aussi le nouveau tarif des douanes porte-t-il que « les produits originaires des pays auxquels le tarif minimum a été concédé sont admis en Algérie aux droits de ce tarif. (Tarif des Douanes de France, page 167).

Pour nous cette solution s'impose toujours quel que soit le régime commercial que l'on reconnaisse à l'Algérie.

Les traités de commerce doivent s'y appliquer de plein droit à moins de stipulations contraires parce que ce sont des traites internationaux dont les colonies doivent bénéficier comme les métropoles. La division en colonie et métropole est d'ordre purement intérieur. Au point de vue extérieur, il n'y a jamais qu'un seul et même Etat qui lorsqu'il stipule comme personne du droit international public est toujours censé stipuler pour l'universalité des sujets qu'il représente.

il y a un tarif exceptionnellement rigoureux, véritable engin de représailles :

« Le gouvernement porte l'article 8 de la loi de 1892, est autorisé à appliquer des surtaxes où le régime de la prohibition a tout ou partie des marchandises originaires d'un pays qui applique ou appliquerait des surtaxes ou le régime de la prohibition a des marchandises françaises ».

On pourrait se demander incidemment comment l'Algérie qui est à peu près dépourvue de marché intérieur pourrait jamais s'accommoder d'un pareil régime de représailles. Ce serait là un point assez curieux à creuser, mais comme en fait l'éventualité signalée n'a guère de chance de se réaliser, nous prenons le parti de le négliger, afin de ne pas trop surcharger notre explication.

A nous en tenir au tarif général qui est le tarif de droit commun, le chef du parti protectionniste, M. le député Méline a maintes fois déclaré, — et ces déclarations sont nécessairement plutôt au-dessous de la vérité, parce que les protectionnistes cherchent toujours on le conçoit à dissimuler l'étendue des sacrifices que dans un pays démocratique, ils imposent à la masse des travailleurs — qu'il fait peser sur l'importation une surcharge d'environ 20 o/o.

Pour une importation moyenne de 250 millions, l'Algérie paierait donc 50 millions.

C'est cette somme que nous avons trouvée plus haut en nous appuyant sur les données déjà anciennes de M Clément Duvernoy.

Et il ne faut pas dire que les droits de douane

portant seulement sur les marchandises étrangères et non pas sur les marchandises françaises, la majoration de 20 p. o/o n'atteindrait pas le total des 250 millions d'importations, mais seulement la partie afférente aux 46 millions de l'importation étrangère, ce qui ne représenterait plus qu'une surtaxe de 9 millions.

Il y aurait là une double erreur :

1° Comme le fait très bien remarquer M. Leroy-Beaulieu en citant un exemple qu'on doit généraliser :

« Quand on met un droit sur la laine exotique et qu'on n'en établit pas un sur la laine nationale, alors on protège la laine nationale, on en relève le prix d'une somme égale, ou à peu près au montant des droits perçus (ou qui pourraient être perçus) sur la laine étrangère » (1).

C'est d'ailleurs surtout dans un but de lucre que les industries nationales demandent que les marchandises similaires de l'étranger soient taxées.

2° La majoration de 20 p. o/o dont parle M. Méline est une moyenne ; elle est vraie, si on considère l'ensemble des articles susceptibles d'importation, mais elle est fausse si on n'en considère qu'une partie. Certains articles peuvent, en effet, être taxés à 10 p. o/o, d'autres à 40, 50 et 100 p. o/o de leur valeur. Or précisément les articles les plus fortement taxés ne viennent plus de l'étranger, les droits qui les frappent étant en réalité prohibitifs. C'est pour cela que 46 millions de marchandises

(1) Traité de la science des finances, 3e édition, page 587.

étrangères ne donnent pas 9 millions de droits de douane, mais seulement 6 1/2.

L'Algérie paye donc en réalité un véritable impôt de 20 0/0 au minimum sur la totalité de ses importations, soit annuellement 50 millions de francs. Seulement une partie de cet impôt, va directement aux caisses du Trésor, c'est de beaucoup la moins importante, l'exagération des droits de douane ayant pour effet de chasser peu à peu les produits étrangers qui dès lors ne payent rien. L'autre partie, la plus importante va directement aux mains des producteurs et des commerçants de la Métropole qui se trouvent ainsi en quelque sorte subventionnés par une colonie à laquelle on a maintes fois reproché d'être quémandeuse !

Comme on peut maintenant s'en rendre compte, le poids des charges qui pèsent sur l'Algérie du chef de ses importations est très élevé ; il double le montant de ses impôts !

Ajouterons-nous qu'elle est contrainte de le subir, sans pouvoir en rejeter ou en compenser la moindre partie ?

Il y a là une intéressante question d'incidence sur laquelle nous appelons un moment l'attention du lecteur.

En France si on considère l'importation en soi et les effets généraux qu'elle produit dans l'intérieur du pays, l'exhaussement des prix qu'elle amène, on voit que les droits à l'importation qui sont autant de surtaxes grevant le consommateur se font dans une certaine mesure équilibre.

Tous ceux qui sont en même temps producteurs

et consommateurs, et ils sont encore nombreux, s'ils payent une surtaxe en reçoivent une en retour.

Entre eux il y a là comme un échange où rien n'est en principe gagné, ni perdu. Par exemple le producteur de houille paye au maître de forges une surtaxe pour son fer et le maître de forges lui en rend une pour sa houille. La difficulté ne peut consister qu'à établir la valeur réciproque des surtaxes.

En Algérie les choses se passent tout différemment.

L'Algérie importe surtout des produits manufacturés, parce qu'elle n'a pas d'industrie. Tous ses habitants sont donc des consommateurs et non pas des producteurs de marchandises manufacturées. Tous les Algériens supportent donc sans rien recevoir en échange, et sans dès lors pouvoir la compenser, une lourde surtaxe du chef de leurs importations.

On pensera peut être que si au lieu de considérer isolément l'importation, on la rapproche de l'exportation, la surtaxe que les Algériens payent sur les produits qu'ils achètent en France devient nulle, compensée qu'elle est par celle qu'ils en reçoivent, sur les produits naturels qu'ils y vendent.

Une telle opinion est erronée. C'est un fait malheureusement certain — sur la cause et la portée duquel nous nous expliquerons dans les chapitres suivants — que les produits algériens abordent et aborderont de plus en plus difficilement le marché français qui pour certains gros articles comme le vin et les céréales et même le bétail commence à être encombré et que lorsqu'ils l'abordent, les frais spéciaux dont ils sont grevés par le fait de l'élévation du taux de l'intérêt dans un pays à peu près dépourvu d'épargne et qui travaille surtout avec des capitaux empruntés ; des lois de navigation ; des charges fiscales qui les écrasent. — car il n'est pas douteux pour nous qu'au moins pour le Français le quotient impositaire est plus élevé en Algérie qu'en France de la distance à parcourir ; de l'exagération des tarifs de chemins de fer dans la colonie ; de leur inégalité au détriment des produits algériens dans la Métropole. suppriment et au delà la surtaxe compensatoire, qu'ils sont censé toucher.

Cette lourde incidence qui frappe inéxorablement tous les Algériens a pour résultat désastreux, on le conçoit, de créer la cherté et l'apprauvrissement universels.

Les frais de premier établissement sont renchéris parce qu'il faut payer sur les diverses matières qui constituent les capitaux fixés ; le coût de l'existence s'élève parce qu'il faut payer pour le coton ou la laine de ses vêtements, le cuir de ses chaussures, les bois et les verres, les carreaux, les vitres de son habitation, l'alcool, le café, le sucre, etc., de son alimentation. Les frais de productions montent à leur tour parce qu'il y a tendance à augmenter de plus en plus le salaire de l'ouvrier agricole dont le coût d'existence a été artificiellement surélevé, parce qu'il faut payer pour la semence que l'on emploie, pour les machines dont on se sert, pour le charbon que l'on consomme.

Il faut payer, il faut payer toujours.

Que nous restons donc loin du vœu exprimé par

M. Tocqueville dans un rapport dejà cité à la Chambre des Députés en 1847, à une époque, cependant, ou le régime commercial était moins rigoureux qu'il ne l'est maintenant.

« Voulez-vous disait-il attirer et retenir les Européens ? Faites que le commerce soit libre, que les conditions économiques soient telles que l'on puisse facilement se procurer l'aisance et y atteindre souvent la richesse »

Mais nous n'en avons point encore terminé hélas avec les conséquences funestes qu'entraîne l'application à l'Algérie du tarif général de la Métropole. Nous n'avons examiné ces conséquences que dans le rapport avec le marché intérieur, il nous reste à les suivre dans leurs rapports avec le marché extérieur.

L'assimilation douanière réalisée en 1884 et en 1892 n'est pas seulement funeste à l'Algérie sur son marché intérieur en ce que par l'incidence redoutable qu'elle entraîne, elle frappe sans merci et sans compensation des populations jeunes et pauvres dont les besoins d'importation sont énormes et qui ont besoin de ressources pour les payer. Elle lui ferme encore l'accès du marché extérieur qu'elle pourrait se créer et lui rend impossible tout commerce de transit.

Au chapitre Ier de cette étude, nous avons eu l'occasion de faire remarquer que par sa position médiane dans l'Afrique du nord, l'Algérie était destinée à devenir la porte par où le commerce et le pavillon français doivent pénétrer dans le continent noir, absolument comme au sud, la colonie du Cap est la porte par laquelle le commerce et le pavillon britannique pénètrent dans l'Afrique australe.

Mais tandis que la porte du sud, est depuis longtemps ouverte, jusqu'ici la porte du nord demeure continuellement fermée. Avec le régime de l'assimilation douanière, elle risque fort de l'être toujours.

Dans l'Afrique du nord comme dans l'Afrique du sud, il y a plusieurs états distincts.

Ici le Maroc, l'Algérie, la Tunisie ; là les colonies du Cap et de Natal, la république de Transwaal, l'état libre d'Orange. Mais l'analogie ne va pas plus loin, car tandis que dans le nord de l'Afrique. ces divers Etats sont séparés au point de vue politique, ils ne le sont pas au point de vue commercial. — Dans le sud tous les Etats sont constitués en union douanière. Ils ont le même régime commercial. Leur transports eux-mêmes sont communs. C'est la colonie du Cap qui a construit des chemins de fer qui traversent les divers Etats.

Il en résulte que dans l'Afrique australe un tarif uniforme est appliqué aux marchandises importées.

L'Angleterre qui, ainsi que toutes les métropoles le sont pour leurs colonies, est la grande pourvoyeuse du Cap, n'a donc pas à craindre que dans ce réseau homogène une fissure existe par laquelle les produits des autres nations pourraient passer. Aussi c'est un fait remarquable qu'elle peut faire pénétrer un total de 375 millions de marchandises par la colonie même du Cap, sans compter les autres destinations, pour alimenter une population qui n'atteint pas 500,000 blancs (1).

Dans l'Afrique du nord il en va tout différemment.

Les tarifs de la Tunisie ne sont pas les tarifs de l'Algérie. Quant au Maroc il ne peut même pas être parlé de tarifs, ce pays ne possédant pas une administration régulière. C'est un champ librement ouvert à la contrebande, aussi rien n'est plus aisé aux produits allemands ou anglais, quands ils présentent une assez grande valeur sous un petit volume, comme les tissus ou les denrées coloniales, de pénétrer même à dos de chameau au Sahara et dans ses oasis où viennent s'approvisionner les gens du sud.

Il semble cependant que depuis qu'elle possède l'Algérie, la France dont l'unique préoccupation paraît être de se créer des débouchés commerciaux, aurait dû tendre dans son intérêt personnel à la réalisation d'une grande union douanière entre le Maroc qu'elle devrait protéger, l'Algérie qu'elle possède et la Tunisie qu'on lui a laissé prendre.

Elle aurait eu là sous la main un domaine parfaitement homogène, peuplé d'environ 15 millions de consommateurs, dont 8 pour le Maroc, 4 pour l'Algérie et 2 1/2 pour la Tunisie et le sud qu'elle eût pu exploiter au bénéfice exclusif de son commerce et de son industrie.

En même temps que son bonheur, elle eût fait un

(1) Ces chiffres ont été donnés par M. Cécil Rhodes, premier Ministre du Cap (*Economiste* du 26 janvier 1895, page 111).

peu le nôtre en nous permettant de monopoliser le commerce de transit qui se fut fait par l'Algérie.

Le courant transitaire eut porté l'aisance et même la richesse aux points extrêmes par lesquels il eut passé, c'est-à-dire dans les principaux ports de la colonie et dans les villes frontières (1)

Ce domaine exclusif, elle pourrait encore se le procurer.

Les traités de commerce conclus par la Tunisie avec les diverses puissances et que la France a pris l'engagement de respecter en 1881 viennent prochainement à expiration. La Tunisie et la France vont donc recouvrer leur liberté et pourront convenir du régime douanier qui leur agréera le mieux.

Quand à l'ouest, la France pourrait aisément y avoir les coudées franches, il lui suffirait d'atténuer les rigueurs de son régime d'importation. Les indigènes de tout le côté oriental du Maroc viendraient naturellement s'approvisionner à notre frontière si le prix des produits européens y était abordable.

Placé dans l'alternative ou bien de toucher une

---

(1) « Un pays écrit M. Leroy-Beaulieu (Traité de la science des finances, 3e édition, page 586) a un grand avantage à développer chez lui le transit, c'est-à-dire le transport d'objets venant de l'étranger et y allant. Cet avantage ne consiste pas seulement dans les bénéfices et les salaires que produisent à la population le transport et la manipulation des objets qui passent sur le territoire ; n'apercevoir que ce bénéfice immédiat et en lui-même assez modique, ce ne serait voir les choses que par le petit côté. Mais l'expérience démontre qu'un pays qui attire à lui le transit, finit par avoir la plus grande partie des marchandises à meilleur marché qu'une autre qui se contente du mouvement de ses propres échanges. Quand un grand courant de marchandises passe par un pays il s'y produit un marché animé, vivant, toujours croissant. Les approvisionnements, les achats et les ventes y sont plus faciles : l'outillage commercial s'y perfectionne davantage. »

cote-part des revenus de l'union nord-Afrique dont il serait membre ou de voir ses sujets en dépit de ses ordres qu'ils n'ont jamais écoutés, venir s'approvisionner sur nos marchés, sans qu'il en retirât un seul centime, le gouvernement du Sultan n'hésiterait pas longtemps à adopter le premier parti.

Mais de l'autre côté de la Méditerranée, l'esprit public n'est guère disposé en faveur des conventions commerciales quand elles ont les douanes pour objet.

Au lieu de tenter de former une union douanière, de lui appliquer une tarification modérée, appropriée aux faibles facultés contributives de populations un peu primitives et d'organiser le commerce de transit, la Métropole préfère souder arbitrairement l'Algérie à la France, en faire un simple prolongement douanier, l'accabler sous le poids d'une tarification excessive qui a été conçue dans l'intérêt exclusif de la Métropole et qui a pour but avéré, bien plutôt de chasser les produits étrangers du marché français que de favoriser l'exportation des produits français sur les marchés étrangers.

Aussi les résultats ont-ils été lamentables.

M. Pourquery de Boisserin, rapporteur du budget de l'Algérie pour l'exercice 1895 est obligé d'avouer : « qu'en l'état actuel (1) les relations commerciales de l'Algérie avec le Sahara et le Soudan (ajoutez avec le Maroc) sont pour ainsi dire insignifiantes. En raison des droits de douane et d'octroi de mer qui frappent à leur entrée en Algérie les mar-

(1) Rapport, page 78.

chandises d'origine européenne consommées par les populations de l'Extrême-Sud, ces dernières trouvent à s'approvisionner à meilleur compte en Tunisie, dans la Tripolitaine et même dans les oasis du Touat (qui sont au 28e degré de latitude nord! »

Pour remédier à cette situation, on a projeté un moment d'établir des entrepôts francs sur certains points de la frontière marocaine et de dédouaner les marchandises importées d'Europe destinées à la réexportation.

Ce dernier vœu a été formulé par M. Etienne, député d'Oran dans la séance de la Chambre des Députés du 20 mars 1895. Mais M. le Commissaire du gouvernement Pallain a donné justement à entendre que de pareilles combinaisons sont plus faciles à préconiser qu'à réaliser.

On peut toujours craindre que malgré la plus active surveillance les marchandises attirées par le fort écart des prix entre le marché intérieur et le marché extérieur rentrent en Algérie après en être sorties. Cette crainte deviendra plus justifiée encore lorqu'on aura procédé à une nouvelle majoration de droits sur les denrées coloniales (1). D'ailleurs, en admettant que la combinaison préconisée réussisse, que grâce aux gros crédits que votera

(1) Actuellement le café paye droits et octroi de mer compris 80 francs par quintal. Comme le Rio qui est la sorte de café qui se consomme communément en Afrique vaut en gros 180 francs à l'entrepôt cela met le droit à 45 p. 0/0. Si on leur appliquait le plein tarif, il paierait 150 francs de droits de douane plus 30 francs d'octroi de mer, soit 180 francs soit 100 p. 0/0 de sa valeur en gros. Le droit serait sensiblement plus élevé qu'en France.

le Parlement pour assurer des résultats qui paraissent aléatoires tant qu'ils ne sont pas acquis, la contrebande soit renfermée dans les limites ordinaires, quelle serait donc la conséquence d'un tel succès sinon d'obliger nos indigènes algériens et nos colons, à payer à la France pour les denrées coloniales qu'ils consomment et dont quelques-unes sont de véritables boissons hygiéniques 45 p. o/o plus cher que ne les lui paieraient les pirates du Sahara ou les nègres du Soudan ?

On fait sonner bien haut que la France a une noble mission à remplir dans cette partie du monde, qu'elle y est l'héritière des Khalife, qu'elle fera refleurir la civilisation au pied des monts Atlas et c'est pour cela que le Sénat s'ingénie à donner le bien-être intellectuel et moral sous toutes ses formes à nos populations musulmanes.

Mais avant de songer à leur bien-être intellectuel et moral, peut-être serait-il plus sage et plus pratique de s'occuper de leur bien-être matériel. Les besoins du corps amplement satisfaits au prix le plus réduit, le nécessaire à défaut du superflu, voilà le don de joyeux événement qu'une nation prudente et généreuse eût dû offrir pour désarmer leur haine à ses anciens ennemis.

Allez dire à ces enfants de l'Islam qui jusqu'à l'occupation ont vécu dans une farouche indépendance qu'il n'y a pas lieu de s'émouvoir s'ils sont plus maltraités que les sujets de l'empereur du Maroc ; qu'on se trouve simplement en présence d'une application élégante de ce principe que les colonies ont été fondées pour l'utilité exclusive des métropoles ; que l'Algérie est un pays conquis, une propriété, une chose, et non pas un être ayant des droits ; que Montesquieu a eu grand soin d'observer que le commerce établi entre les métropoles (lisez entre les Etats souverains) n'entraîne point une permission pour les colonies qui restent toujours en état de prohibition. Ils se feront une étrange opinion de votre bon sens et de votre justice.

Mais ce tarif véritablement prohibitif d'importation sous la charge duquel l'Algérie est en train de plier n'a pas suffi à la Métropole.

Ce n'a pas été assez pour elle de chasser du marché algérien les produits étrangers, elle a tenu conformément aux conceptions du vieux pacte colonial à s'assurer un complet monopole en se défendant d'avance contre la concurrence possible des produits algériens eux-mêmes.

Dans ce but, elle a remanié ou plutôt dénaturé l'octroi de mer, dont elle poursuit l'anéantissemennt par crainte qu'à son abri ne naissent un jour des industries rivales.

On connaît cet impôt.

C'est une taxe de consommation frappant les produits sans distinction de provenance à leur entrée dans les ports. Elle n'est pas spéciale à l'Algérie et on la retrouve dans toutes les colonies de l'étranger où avec la vente des terres elle tient lieu d'ordinaire de presque toute la fiscalité.

En Europe, on peut disserter à l'aise sur la valeur comparative de l'impôt direct et des taxes de consommation. Mais dans un pays neuf et par conséquent pauvre comme l'Afrique du Nord, une pareille dissertation dégénère en pure discussion académique

On n'y a pas l'embarras du choix et la supériorité de l'impôt de consommation sur l'impôt direct, même en dehors des difficultés d'application particulières à cette dernière taxe, s'impose par son évidence.

Tandis que le premier en effet est assis sur le revenu réalisé, le second l'est seulement sur le revenu présumé et bien souvent dans une colonie où le contribuable — presque toujours un cultivateur — est soumis à mille accidents divers, la présomption ne répond pas à la réalité. Or, un citoyen peut à son gré restreindre ou étendre sa consommation en proportion de ses revenus du moment. Si l'année a été bonne, il se vêtira mieux, il se nourrira avec plus de luxe, si l'année a été mauvaise il fera, comme on dit, des économies. Mais ce même contribuable ne peut à son gré augmenter sa production dont l'impôt direct prélève une part fixée *à priori* et qu'il lui faut toujours acquitter, que l'année ait été bonne ou mauvaise, quitte à formuler une demande en décharge ou en réduction qui n'est pas toujours accueillie.

Ce n'est pas là le seul avantage de l'impôt de consommation.

Dans une colonie où des races diverses occupent des situations sociales différentes et où l'élément national comprend surtout des propriétaires, il est politique et juste de s'adresser non pas à l'impôt direct qui chargerait maladroitement l'élément national mais à l'impôt indirect auquel chaque fraction de population contribue dans la mesure de ses facultés.

Même le reproche de vexation qu'on adresse souvent aux taxes indirectes et qui se traduit par l'abonnement ou l'exercice des établissements industriels où sont produites les utilités destinées à la consommation n'atteint pas l'octroi de mer.

Un jeune pays reçoit beaucoup de ses objets de consommation et à peu près tous ses produits manufacturés de l'étranger, il n'existe donc guère d'industrie à exercer à l'intérieur. L'octroi de mer qui est une taxe extérieure porte sur une marchandise venant du dehors et se perçoit sur le vu des manifestes des navires pour se répartir ensuite silencieusement dans le public.

Enfin recueilli en Algérie par les agents des douanes déjà rétribués pour un autre service, il coûte très peu, en frais de perception. Ils ont été fixés à 5 o/o de la recette brute.

A ce point de vue la supériorité de l'octroi de mer sur tout autre impôt que l'on essaierait d'établir est écrasante.

On a remarqué en effet qu'en Algérie les services financiers dépensaient en frais de régie proportionnellement dix fois plus qu'en France ; par une heureuse exception, l'octroi de mer (1) dépense au

---

(1) Rapport de M. Trésor de la Roque, Conseiller d'Etat sur un projet de loi relatif à l'établissement de l'impôt direct et des droits de succession en Algérie (Conseil d'Etat, distribution du 16 avril 1875).

contraire beaucoup moins. La moyenne des frais de perception de l'octroi de terre en France est de 8 o/o. Encore y a-t-il des communes dont les frais de régie sont beaucoup plus élevés (1).

Aussi les auteurs ne tarissent-ils pas d'éloges sur les mérites de l'octroi de mer ou de la douane coloniale et lui donnent-ils délibérément le pas sur l'impôt direct qui est d'une perception singulièrement difficile et coûteuse.

La pratique est conforme aux enseignements de la théorie. Les colonies et les jeunes Etats maritimes puisent volontiers souvent la majeure, et toujours une forte partie de leurs ressources dans leurs douanes, elles forment 62 p. o/o du budget du Dommion du Canada et 30 p. o/o encore du budget des colonies australiennes qui atteignent cependant déjà le niveau social des vieux Etats européens.

On comprend que dès que l'Algérie fut occupée on y établit l'octroi de mer, comme le moyen le plus simple et le moins coûteux d'obtenir des recettes immédiates.

Mais cette matière ne fut définitivement réglementée que par une ordonnance du 21 décembre 1844 qui en fit un impôt municipal.

Jules Duval (2) écrivait, à son sujet, à la fin de l'Empire :

« Par un bien rare phénomène, depuis qu'il (l'octroi de mer) existe en Algérie, il n'a jamais

---

(1) Leroy-Beaulieu, traité de la Science des finances, 3e édition, page 733.

(2) L'Algérie et les Colonies françaises page 258.

donné lieu à aucune plainte, ni du commerce, ni des consommateurs, ni même des exportateurs français et étrangers, sans en excepter ceux de Rouen et de Bordeaux. De toutes les institutions algériennes, c'est probablement la seule qui ait échappé à la critique. »

Jules Duval exagérait.

Elle n'y avait pas complètement échappé, car en 1851 déjà les Chambres de commerce de Nîmes et de Marseille lui adressaient bien prématurément le reproche de protéger les produits algériens au détriment des produits français.

Plus tard, lors de la discussion de la loi du 17 juillet 1867, MM. Pagézy, Roulleaux-Dugage et Peyrusse critiquaient à leur tour le droit d'octroi perçu alors en Algérie sur les vins de toute provenance.

Ils proposaient de le remplacer par une taxe de douane de 1 fr. 50 p. o/o sur tous les produits. C'était là l'objet d'un amendement soumis au Corps législatif qui fut repoussé par 226 voix contre 8.

Mais en l'état rudimentaire de la production algérienne, les reproches des Chambres de commerce de Marseille et de Nîmes, ainsi que les critiques de MM. Pagézy, Roulleaux et Dugage, ne pouvaient être prises en considération. Elles témoignaient seulement d'une jalousie bien précoce de la part du Midi français.

Il faut arriver à nos jours pour voir se produire, non seulement dans quelques Chambres de commerce isolées et parmi une dizaine de députés, mais encore au sein de la majorité des Chambres et du Gouvernement, un violent sentiment d'hostilité contre l'octroi de mer.

Il éclata vers 1884, au moment où le Conseil supérieur discutait la revision des tarifs de cet impôt. Etablis en 1884, ils n'avaient presque pas été modifiés depuis cette époque. Un décret du 18 juillet 1854 s'était borné à porter de 30 à 40 francs, le droit par hectolitre sur les eaux-de-vie et les esprits en cercles et en bouteilles.

Cependant l'étendue des territoires civils avait beaucoup augmenté En 1880, surtout, le nombre des communes de plein exercice et des communes mixtes s'était élevé. Il fallait trouver dans l'octroi de mer de nouvelles ressources pour satisfaire des besoins nouveaux.

Un décret du 25 décembre 1880, avait, en conséquence, augmenté d'un tiers le produit de l'octroi de mer, soit par une majoration apportée aux articles anciens, soit par l'imposition d'articles nouveaux, tels que les fontes et fers ouvrés, les faïences, les verres et cristaux, etc.

Mais ce décret de 1880 ne constituait qu'une mesure provisoire qui devait prendre fin le 31 décembre 1884.

A ce moment donc le Conseil supérieur auquel la question avait été soumise, discutait l'établissement de nouveaux tarifs. En fin de compte, il s'était arrêté au maintien de la tarification de 1880 avec adjonction de certains articles dont la plus notable consistait dans la perception d'un droit de 1 o/o sur les tissus de coton, de laine et de soie.

Lorsque le projet de décret élaboré en Conseil supérieur arriva à Paris, le Ministre du commerce, M. Hérisson, à la sollicitation apparemment des représentants des grands centres manufacturiers se montra nettement hostile et donnant tout à coup au débat un aspect rétroactif, il critiqua les dispositions antérieures du décret de 1880.

Partant de cette donnée que l'octroi de mer devait être régi par les mêmes principes que l'octroi de terre, il reprochait au décret de 1880 de violer les principes posés par l'ordonnance du 9 décembre 1814, la loi du 24 juillet 1870 et le décret du 20 février 1870.

Le droit d'octroi, disait-il, qu'il soit de terre ou de mer, ne peut frapper d'autres produits fabriqués que ceux qui ont été limitativement énumérés par le législateur. D'autre part, quand un produit est frappé à l'entrée, les produits similaires fabriqués à l'intérieur doivent être soumis à une taxe équivalente.

Or le tarif de 1880 viole cette double règle. Il atteint un certain nombre de produits fabriqués comme les cristaux et les fers ouvrés qui ne peuvent être rangés dans les catégories prévues par l'ordonnance de 1814 et par le décret de 1870, et les produits algériens n'acquittent aucune taxe d'octroi, du moins quand ils viennent par la voie de terre.

Il semble bien qu'on aurait d'abord pu répondre au Ministre du commerce, dont les observations furent transmises au Conseil supérieur (1) sous

---

(1) *Recueil des Procès-Verbaux*, session extraordinaire de 1884, pages 220 et suivantes.

forme d'une lettre adressée à son collègue, le Ministre de l'intérieur, que puisqu'il soulevait un point de légalité, on pouvait bien lui en opposer un autre, que d'après les décrets de rattachement du 26 août 1881, ni lui, ni le Ministre de l'intérieur n'avaient qualité pour s'occuper de l'octroi de mer, lequel ayant toujours été considéré comme une dépendance du Service des Douanes (1) devait naturellement incomber au Ministre chargé de ce dernier service, c'est-à-dire au Ministre des finances.

Mais cette riposte mise à part, la question de légalité soulevée à Paris s'évanouissait à la réflexion.

De ce que l'ordonnance de 1844 avait qualifié l'octroi de mer d'octroi municipal, on ne pouvait conclure qu'il dût être régi par les règles de l'octroi de terre en France, soit parce que l'ordonnance elle-même avait eu soin de le faire régir dans bien des cas par les lois et règlements relatifs aux douanes, soit parce que le décret de 1880, pris par le Chef de l'Etat dans la limite de ses pouvoirs, avait pu légitimement changer le caractère de cet impôt, qui d'ailleurs avait toujours été un peu indécis, puisqu'un arrêté du 4 novembre 1848, article 2, en avait fait un fond commun pour les dépenses communales et *provinciales*.

L'assimilation était si peu admissible, qu'en

(1) « Les dispositions législatives et réglementaires relatives aux douanes sont applicables au droit d'octroi municipal (de mer) en tout ce qui concerne les déclarations, la mise en entrepôt, le *contentieux*, la liquidation des droits et le cabotage. » Article 6, ordonnance du 21 décembre 1844.

Algérie l'octroi de terre aurait pu très bien fonctionner côte à côte avec l'octroi de mer. En 1875, peu s'en fallut que cette coexistence ne se produisît dans la commune d'Alger.

Aussi bien ce souci tardif de la légalité n'était-il qu'un prétexte dans la thèse développée par M. le Ministre du commerce ; au fond, il s'agissait d'atteindre un but beaucoup moins élevé et plus contingent que le respect abstrait de dispositions législatives ou réglementaires. On voulait tirer, pour tout dire, les dernières conséquences du principe d'assimilation douanière que l'on réalisait à cette époque. Il fallait un complément à cette assimilation, qui était une absorption, pour qu'elle ne laissât plus rien à désirer.

Après avoir chassé les produits étrangers du marché algérien, il fallait rendre impossible la concurrence des produits algériens eux-mêmes.

Assurément ce n'est pas ainsi que le débat fut engagé.

En matière politique, plus encore qu'en tout autre matière, on peut dire que la parole a été donnée à l'homme pour déguiser sa pensée, mais la relation qui devait unir le nouveau régime des importations et celui de l'octroi de mer était nettement affirmé par M. le Ministre du commerce.

Cependant, par une offensive hardie, les bureaux du Ministère reprenant pour leur compte les reproches formulés en 1851 et 1867, accusèrent au contraire l'Algérie de vouloir, en demandant le maintien de l'octroi de mer, protéger ses propres produits au détriment des produits français.

Reproche étrange !

Certainement on peut toujours arguer d'un impôt qu'il a un caractère protecteur :

« Si, écrit M. Amé (1), la protection devait être calculée... jusque dans ses infiniment petits, nul impôt ne serait exempt de tendances protectionnistes : l'impôt sur les valeurs mobilières protégerait le sol et la propriété ; l'impôt sur les terres et sur les maisons, protégerait, au contraire, les valeurs mobilières ; l'impôt sur la vigne protégerait la pomme et le houblon ; l'impôt sur le cidre et la bière protégerait le vin ; de sorte que, à moins d'une pondération rigoureuse, absolument impossible à réaliser en pareille matière, toutes les taxes publiques serviraient tels ou tels éléments de richesse au détriment de tels ou tels autres et devraient être proscrits au nom de la science. »

A ce titre l'octroi de mer, malgré son tarif très modéré, protégerait l'Algérie qui en jouit au détriment de la France qui n'en jouit pas, comme en France d'ailleurs l'octroi de terre protège les communes qui en possèdent au détriment des communes qui n'en ont pas.

Mais cette protection détournée, si minuscule qu'on la considère, comme une quantité négligeable, n'existait même pas quand on y réfléchit bien au profit de l'Algérie.

Il ne peut y avoir de protection sans une personne et sans des intérêts similaires à protéger.

Or, l'Algérie ne pourrait se protéger, puisque

(1) Etude sur les tarifs de douane, tome II, page 511.

légalement elle n'existait pas, elle ne votait pas et ne vote pas davantage aujourd'hui ses tarifs d'octroi de mer. C'est le Chef de l'Etat, le Président de la République qui les établit souverainement par décrets élaborés en Conseil d'Etat, après avoir pris l'avis et même sans avoir pris l'avis du Conseil supérieur, qu'il est au surplus libre d'accueillir ou d'écarter.

On n'imagine pas que le Président de la République française et le Conseil d'Etat aillent de propos délibéré, protéger l'Algérie au détriment de la France.

Que si l'Algérie eût existé légalement, si elle avait pu voter ses tarifs d'octroi de mer, elle eût été souvent dans l'impossibilité de se protéger, faute d'avoir des produits similaires.

Par exemple en général, elle n'a pas de produits fabriqués, parce qu'elle n'a pas et n'aura pas de quelque temps des manufactures qui exigent pour leur fondation et leur marché un personnel d'élite, une population ouvrière spéciale et une surabondance de capitaux qu'on ne rencontre pas chez elle.

Pour les quelques industries qu'elle pouvait avoir, distilleries, minoteries, etc., et pour l'agriculture, on ne pouvait pas dire que les conditions économiques entre la France et l'Algérie fussent tellement égales que la moindre faveur dont profiterait l'Algérie serait comme la goutte d'eau qui fait déverser un vase plein et mettrait la France en état d'infériorité.

Les forces des deux pays sont en effet bien différentes.

L'industrie et l'agriculture françaises qui sont pourtant plusieurs fois centenaires, ont toujours demandé à être protégées contre l'industrie des pays étrangers, et notamment de l'Angleterre, parce qu'elles n'étaient pas encore disaient-elles en état de lutter. Comment dès lors pouvait-on craindre que l'industrie et l'agriculture algériennes pussent dès leur naissance lutter à armes égales contre l'industrie et l'agriculture françaises?

Ce n'est pas seulement le raisonnement qui proteste contre le rapprochement forcé que l'on prétendait établir entre deux pays dont l'avancement économique n'était pas identique, ce sont encore les faits.

Considérons un produit du sol pour lequel l'Afrique du nord est véritablement privilégiée par la nature, nous voulons parler du blé dur. On le récolte abondamment sur place et il est de qualité supérieure. D'autre part l'Algérie possède suffisamment de chutes d'eau pour que l'industrie de la minoterie ait pu y être économiquement installée.

Les marchandises que l'on tire du blé dur, soit la semoule et la farine devraient donc s'il y avait égalité économique concurrencer avantageusement sur la place de Marseille les mêmes produits qui y sont fabriqués en grande partie avec une céréale assez inférieure, lointainement venue de la Mer Noire.

Or c'est précisément l'inverse qui a lieu. Les farines et semoules marseillaises viennent concurrencer en Algérie les farines et semoules algé riennes (1). Elles en ont tellement avili le prix dans ces derniers temps que l'écart entre la matière première et le produit fabriqué qui en 1880 était de 15 à 18 francs est tombé à 8 ou 10. C'est-à-dire que lorsque le blé dur valait autrefois 16 francs le quintal, la semoule en valait de 31 à 34, tandis que dans la même hypothèse, elle ne vaut plus que de 24 à 26 en 1895, ce qui représente une baisse de 22 p. o/o sur la valeur du produit.

Et cela se comprend.

La minoterie marseillaise a sur la minoterie algérienne l'avantage de débouchés plus importants, parce que les débouchés se créent surtout avec le temps et que la minoterie métropolitaine est, naturellement, plus ancienne que la minoterie algérienne. Les usines proportionnées à ses débouchés sont beaucoup plus grandes et, par suite, les frais généraux qui, en général, sont fixes, se répartissant sur un plus grand nombre d'unités produites sont moins élevés. Son personnel étant créé d'ancienne date est meilleur, il donne plus de travail avec un moindre salaire. Elle a l'argent à meilleur marché, parce que l'escompte commercial est à 2 p. o/o à Marseille, tandis qu'il est à 5 p. o/o à Alger.

Le reproche de protection adressé à l'Algérie, ne pouvait donc être pris au sérieux. C'était une ma-

(1) En 1893, il a été importé de France pour 6,704,000 francs de grains et farines. Comme l'Algérie n'importe pas de céréales de France il s'agit presque exclusivement de farines et de semoules ; pour 3,311,000 francs de gruaux et de semoules en gruaux ; pour 1,259,000 francs de riz et de farines de riz qui est un succédané de la farine de froment.

nière plus ou moins habile de détourner un reproche semblable et bien autrement fondé. Il montrait seulement quelle crainte ombrageuse agite les centres manufacturiers de la Métropole, dont l'influence est prépondérante auprès des pouvoirs publics, quand il s'agit du marché algérien.

Leur vigilance, inquiète et jalouse, cherche à pénétrer et à dissiper les ombres de l'avenir.

Si on trouvait les pires défauts à l'octroi de mer, c'est qu'on le considérait comme une menace, qu'on voulait le supprimer, et c'est à quoi on s'est consciencieusement employé.

On n'est pas arrivé du premier coup à la suppression tant désirée, parce qu'on n'a pas pu immédiatement remplacer ce gros impôt qui donnait autrefois sept millions, on lui a donc accordé une sorte de survie.

Le dernier décret du 23 décembre 1890 en autorise encore la perception jusqu'au 31 décembre 1895. Peut-être le tolèrera-t-on quelque temps encore, mais ses jours sont comptés.

En tout cas, en lui accordant une survie sans cesse marchandée, on a dénaturé son caractère purement fiscal, on s'en est immédiatement servi comme d'une arme pour détruire l'industrie locale.

Conformément au principe rappelé par M. le Ministre du commerce Hérisson, il a été admis que toutes les fois qu'un produit métropolitain serait taxé à l'entrée en Algérie, les produits similaires locaux seraient frappés d'une taxe équivalente (décret du 26 décembre 1884).

Mais cette extension abusive à un jeune pays

en voie de formation d'une règle usitée dans un vieux pays en plein développement, ne peut avoir pour résultat que d'enrayer le mouvement industriel de l'Algérie et de retarder son indépendance économique.

Si une industrie déjà créée, vieille peut être de plusieurs siècles, possédant des débouchés certains, réalisant des bénéfices à peu près très assurés, peut supporter sans inconvénient une augmentation de ses frais généraux sous la forme d'une taxe à payer à l'Etat ou à la Commune, au contraire une industrie qui se fonde, dont les débouchés ne sont pas encore complètement trouvés, dont les bénéfices sont douteux, doit être allégée dans ses charges générales, soit par une exemption d'impôts, soit même, ce qui s'est vu souvent, par l'allocation de primes d'encouragement. C'est rendre son éclosion très difficile que de la taxer à sa naissance.

Aussi quand le gouvernement local prépare les projets, toujours à l'étude des tarifs d'octroi de mer éprouve-t-il unsérieux embarras à les dresser ; craignant sans cesse d'étouffer dans l'œuf quelque industrie algérienne.

On s'est rabattu en fin de compte sur les denrées coloniales, les bières et les alcools, les quelques distilleries qui s'étaient fondées ont dû disparaître.

Mais les denrées coloniales qui formaient en 1893, 50 o/o environ du produit de l'octroi de mer, vont bientôt manquer.

En 1884 et 1892 on ne les avait pas taxées au plein tarif des douanes, nous nous en souvenons, pour qu'elles pussent supporter un droit supplémentaire d'octroi de mer. C'est ainsi que le café en fèves n'a payé que 50 francs par quintal, au lieu de 156 francs comme en France, ce qui a permis d'ajouter 30 francs d'octroi de mer. L'imposition totale est donc de 80 francs un chiffre appréciable, si l'on songe que sous l'Empire, cette même denrée ne payait que 12 francs, et qu'elle constitue non pas une denrée de luxe comme en France, mais une véritable boisson hygiénique.

Aujourd'hui on parle, avons nous écrit déjà, d'appliquer le plein tarif aux denrées coloniales. Pour le présent, il ne s'agirait, il est vrai, que d'une surélévation partielle, mais cette surélévation ne demeurera pas isolée. Le tarif priviligié de l'Algérie est considéré par nos gouvernants comme une réserve que l'on épuisera peu à peu.

Dans un temps qui n'est pas éloigné, l'octroi de mer qui produisait encore 6,100,000 francs en r893, ne produira donc guère plus de 3 millions.

Où trouvera-t-on la différence ?

Car il faut la trouver. Ce n'est pas au moment où les charges des communes ont augmenté, que l'on peut songer à diminuer leurs recettes.

Il n'est pas nécessaire de chercher beaucoup pour deviner que cette différence sera demandée aux Contributions directes que l'on introduira entièrement en Algérie, et dont les centimes additionnels serviront à alimenter nos maigres budgets communaux.

Mais si les observations générales que nous avons précédemment présentées au sujet de l'octroi de mer et de sa supériorité sont justes, on peut hardiment affirmer qu'on n'arrivera ainsi qu'à appliquer le système fiscal le moins approprié aux nécessités économiques, sociales et politiques d'une jeune colonie de peuplement.

Arrivé à ce point de notre chapitre, après avoir exposé le régime des importations en Algérie, montré ce qu'il pèse, déduit les conséquences désastreuses qu'il engendre pour la colonie, une dernière démonstration nous reste à faire, qui en sera, pensons-nous, la condamnation définitive.

Nous avons dit précédemment que la Métropole avait atteint son but qui était de monopoliser le marché algérien, mais nous allons prouver maintenant que même en se plaçant au point de vue de l'utilité exclusive de la Métropole qui est aujourd'hui si en faveur, l'exploitation de ce monopole n'est point si avantageux pour la France.

Quand on parle de l'utilité exclusive que la Métropole peut retirer de son régime d'importation, il faut distinguer entre celle que l'Etat et celle que les particuliers en peuvent retirer.

Pour l'Etat qui cherche surtout à percevoir le plus de revenus, ce régime donne de mauvais résultats.

En 1883, les douanes, sucres compris, rapportaient 7,680,566 ; dix ans après en 1893, elles ont donné 11,440,000. C'est un accroissement dira-t-on.

Pas précisément, car si on compare la décade 1873-1883 à la décade 1883-1894, on voit que la première donne un boni de 4,403,560, tandis que la seconde ne donne plus qu'un boni de 3,277,000. Il y a donc une diminution de 1,126,560 francs dans la progression des recettes. Les droits sont devenus moins productifs.

C'est la conséquence naturelle de leur exagération. En thèse générale, plus un droit est élevé, moins il rapporte. Les droits protecteurs rapportent moins que les droits fiscaux, soit parce qu'ils ont pour résultat de chasser, de raréfier en tout cas, les marchandises étrangères qui dès lors payent de moins en moins, soit parce qu'ils constituent une véritable prime à la fraude et à la contrebande.

Mais, si on abandonne ce côté purement fiscal, si on envisage le côté politique et si on se préoccupe, non pas seulement du rôle de la France en Algérie, mais encore de l'expansion de l'influence française dans le nord-ouest de l'Afrique, il faut dire que ses tarifs sont véritablement funestes en ce sens qu'ils forment le plus sérieux obstacle à toute pénétration dans le continent noir et interceptent tout rayonnement sur les Etats limitrophes de l'Algérie.

On a dit souvent que le commerce suivait le pavillon, on peut tout aussi justement retourner cette formule et dire que le pavillon suit le commerce. Les marchands précèdent les soldats, ce sont les commerçants qui silencieusement, sans froisser les susceptibilités des populations, en satisfaisant au contraire leurs besoins, en leur apportant le bien-être matériel, préparent la voie à l'invasion nationale.

C'est en construisant des chemins de fer et en transportant leurs marchandises au loin et toujours plus au loin, et non pas par les balles et les boulets que les Anglais sont en train de faire leur longue trouée dans l'Afrique australe.

Pour les particuliers ou du moins pour certains particuliers, pour les manufacturiers, on ne peut pas dire que le régime d'importation dont souffre l'Algérie leur soit désavantageux, si on ne considère que le profit direct et immédiat.

Il est certain que les Algériens leur versent un tribut dont il est délicat de déterminer d'une façon minutieuse l'importance, mais qui est certainement considérable.

Il est délicat à déterminer, parce que l'industrie française n'est pas la seule partie prenante dans la surtaxe générale que l'Algérie supporte du chef de ses importations. Le Trésor garde pour lui les recettes de douane effectuées sur les produits étrangers qui, à part les sucres qui viennent tous de France, ont donné 6,592,660 en 1893 sur une importation étrangère de 46 millions. L'industrie française ne vient donc que sur le surplus des importations, elle ne touche que la prime d'exhaussement des prix que l'établissement de droits protecteurs détermine toujours sur le marché intérieur, encore ne la garde-t-elle pas tout entière, l'industrie étrangère elle-même trouvant moyen, ainsi que nous le montrerons tout à l'heure, de lui en ravir une part. En effectuant ces diverses défalcations, on peut encore évaluer à 40 millions au moins le tribut que les Algériens payent aujourd hui à l'industrie *française*.

Mais tout d'abord on pourrait se demander s'il

est admissible que la France ait conquis l'Algérie pour permettre à certains citoyens, plutôt qu'à d'autres, d'en tirer un profit personnel.

Si l'on avait l'audace de répondre affirmativement, on pourrait encore se demander pourquoi les Français demeurant dans la Métropole, rivés au sol natal, le plus doux, paraît-il, qu'il soit au monde, seraient plus intéressants et mériteraient plus de faveurs que les Français qui courageusement expatriés, forment l'avant-garde de la civilisation latine en Afrique.

Cette observation préliminaire étant faite, on doit dire qu'il n'est pas du tout prouvé qu'avec des tarifs d'importation moins élevés, le bénéfice des industriels métropolitains fût moindre qu'il ne l'est. Nous croyons, au contraire, qu'il serait bien plus grand.

Il se trouve actuellement réduit par le fait de la contrebande que l'exagération des droits a suscité.

La fraude a été pour ainsi dire, officiellement constatée dans la dernière session du Conseil supérieur (1), par M. Blondel, inspecteur général des finances.

« La fraude, écrit-il, à propos de l'octroi de mer (et *à fortiori* à propos des douanes) existe, c'est incontestable, elle existerait encore bien plus, si un relèvement ou une extension du tarif actuel venait donner une prime nouvelle aux fraudeurs. »

Il se trouve réduit encore par cet autre fait que à cause de cette même exagération de droits, les pro-

(1) Recueil des procès-verbaux, page 622, année 1894.

duits étrangers qu'on jette à la porte de la maison, qu'on nous pardonne cette expression, ont tout intérêt à rentrerpar la fenêtre, et qu'ils y rentrent.

L'Angleterre possédait à Glascow des manufactures qui fabriquaient uniquement des tissus à l'usage des indigènes algériens. Depuis 1892, ces manufactures ne se sont pas fermées, loin de là, elles se sont simplement déplacées et d'Angleterre sont venues en France. Là ces établissements pourvus de machines, de capitaux et d'un personnel anglais continuent leurs anciennes opérations, expédiant régulièrement au delà de la Manche les profits qu'ils réalisent. Leurs opérations sont mêmes devenues plus fructueuses, elles vendent plus cher bénéficiant de la hausse des prix que l'on a artificiellement créée et ce sont nos Musulmans qui en patissent (1).

Il se réduit encore par ce fait qu'à la suite de l'exagération des droits, les débouchés de la Métropole ou se ferment ou ne peuvent pas s'étendre. Le marché intérieur se rétrécit parce que la puissance de comsommation du colon et de l'Indigène épuisés devient moindre ; le marché extérieur ne s'ouvre pas, le Maroc, le Sahara, le Soudan échappent à nos industriels.

A quoi sert à la France de s'être réservé le monopole du marché algérien si ce monopole a pour effet de diminuer l'importance du débouché ?

C'est presque un axiome commercial que l'essen-

(1) Report *for The Years* 1893-1896 *on the trade*, agriculture, etc., *of Algéria*, par L. P Layfair, p. 5.

tiel n'est pas de vendre cher et de vendre peu, mais de vendre à bas prix pour vendre beaucoup.

Comme le dit très bien un écrivain anglais qui à l'instar de beaucoup de ses compatriotes joint un grand bon sens pratique à une érudition très étendue.

« Si le but du commerçant avisé doit être de soutenir ses prix de manière à s'assurer un bénéfice, il est indispensable qu'il élargisse ses débouchés et qu'il se crée une clientèle nombreuse et fidèle. Au besoin il sacrifie une partie de ses bénéfices car il sait qu'une clientèle satisfaite est généralement stable et qu'il vaut mieux faire cinquante opérations donnant un bénéfice de 5 0/0 que 5 opérations avec un bénéfice de 10. Les résultats sont dans la proportion de 250 à 50 (1) ».

---

(1) Interprétation économique de l'histoire par James Thorold Rogers, page 104.

CHAPITRE IV

—

Du Régime des Exportations

—

Un rappel des dispositions du pacte colonial relatives aux exportations des colonies. — Impossibilité d'appliquer le pacte aux exportations des produits similaires de ceux de la Métropole. — Moyens détournés qu'employait l'Angleterre pour éloigner les exportations des provinces d'Amérique. — Lors de l'occupation de l'Algérie, la France essaya d'abord de faire de sa nouvelle conquête une colonie à produits différents. — Insuccès constaté des cultures tropicales. — La Métropole frappe à l'entrée les produits algériens des mêmes droits que les produits étrangers — L'assimilation douanière au point de vue des exportations en 1851 et en 1867. — Au moment de la modification du régime douanier de l'Algérie en 1884 on ne se préoccupa pas des exportations algériennes. — En 1891 seulement les Chambres de commerce d'Algérie ayant été consultées sur le nouveau tarif général des douanes demandèrent, en présence de l'importance des exportations locales, que le régime commercial de l'Algérie fût basé sur l'ancien principe de réciprocité. — Mais la question avait été résolue en sens contraire. — Ne le fût-elle pas, que en 1891 la réciprocité de traitement n'eût pas pu être accordée à cause de la similitude des produits. — A défaut de réciprocité parfaite, on a proposé une réciprocité imparfaite assurant à l'Algérie un monopole au moins partiel pour ses exportations. — Mais cette réciprocité qui la laisserait en perte ne pourrait même pas lui être accordée. — Elle devrait rentrer en partage avec les nations qui avoisinent la France en Europe, comme l'Espagne, et aussi avec les colonies. — En fait, dans son tarif de douane de 1891, la France n'a pas pris souci de l'Algérie. — Les exportations algériennes ne sont pas protégées, à moins qu'il n'y ait concordance fortuite entre les convenances de la France et celles de l'Algérie. — Exemples de ce manque de protection : matières premières et autres produits. — L'Algérie ne retrouve donc pas dans son régime d'exportation l'équivalence des charges qu'elle subit du chef de ses importations. — Mais ce régime désavantageux pour elle, a et aura des conséquences redoutables pour la France. — Accroissement des exportations algériennes : le vin et le bétail. — Moyens indirects employés par la Métropole pour se protéger : abstention du commerce, vilité des prix, assimilation fiscale, mesures sanitaires, etc. — Malgre tout, le marché de la France subit déjà un commencement d'encombrement qui ne pourra que s'accentuer. — Conseil donné à l'Algérie par M. le Gouverneur général Cambon : la recherche de nouveaux débouchés. — L'Algérie n'est pas libre de choisir ses débouchés. — Ils lui sont imposés par les rigueurs de son régime commercial. — Ils sont tous situés en France. — Son coût de produc-

tion est si élevé, par suite des surcharges multiples qui la grèvent, qu'elle ne peut pas aborder utilement les marchés étrangers.

Le régime des importations a toujours paru assez simple aux métropoles.

Du moment que les colonies étaient destinées à l'usage exclusif de la Mère-Patrie, rien n'était mieux indiqué pour elle que de se réserver le monopole du marché colonial, dans le présent, en excluant les produits étrangers et aussi dans l'avenir, en mettant obstacle à l'établissement de toute industrie locale.

Au contraire, le régime des exportations a toujours passé pour un problème particulièrement délicat. Il s'agissait de concilier des intérêts opposés, de faire la part des colonies sur le marché métropolitain sans que la Métropole eut à en souffrir.

On essaya d'abord de le résoudre à l'aide de la loi de réciprocité que les métropoles adoptèrent afin de tenir leurs colonies dans un état de prospérité telle, qu'on en put retirer les avantages qu'on s'était promis en les fondant.

Nous rappelons que selon les dispositions du vieux pacte colonial, qui avait donné une formule à la loi de réciprocité, de même que la Métropole se réservait le monopole du marché colonial pour ses produits manufacturés, de même elle réservait à la colonie le monopole du marché métropolitain pour ses produits naturels, en interdisant l'accès de ce marché aux produits naturels similaires provenant de l'étranger.

Mais même au XVIIIe siècle, le pacte colonial ne pouvait fonctionner à la satisfaction, au moins théorique, des parties en présence, qu'à la condition expresse que la colonie n'eut pas les mêmes produits naturels que la Métropole, qu'elle produisit par exemple du café et du sucre et non pas du blé et du vin, car si les produits étaient similaires, il ne pouvait y avoir d'échange, et par conséquent de réciprocité.

Aussi avait-on élevé à la hauteur d'un dogme officiel cette proposition que les colonies véritablement parfaites, que les seules colonies qui eussent quelque prix, c'étaient les colonies des tropiques. Quant aux colonies situées sous les latitudes tempérées dont les produits étaient similaires de ceux de la France, on les considérait comme des charges sans compensation et les Ministres de Louis XV crurent de bonne foi avoir joué un bon tour à nos ennemis les Anglais en leur cédant le Canada.

A la veille de la Révolution, l'Angleterre était à peu près la seule puissance européenne qui eût dans d'autres parties du monde des colonies à produits similaires.

Imbue comme elle l'était, à moindre degré il est vrai que la France, de la doctrine égoïste qui avait présidée à l'établissement du pacte colonial, elle se préoccupait de se préserver de l'invasion des produits de ces colonies. Elle essayait d'y parvenir, soit en dirigeant l'exportation de leurs produits vers les contrées situées au sud du Cap Finistère, soit en nouant des relations obligatoires entre les Antilles, les Indes et le Canada. Mais cette tactique commerciale présentait de graves inconvénients. Les Antilles consommaient du riz que le Canada ne produisait pas, elles pouvaient à meilleur compte s'approvisionner de bois aux Etats-Unis, etc.

Quand l'Algérie fut conquise, le problème de ses exportations virtuelles se posa très rapidement.

Du moment que l'on voulait coloniser le pays et qu'il était entendu que la France y appliquerait la puissance de ses bras et de ses capitaux, il fallait s'attendre dans un avenir plus ou moins rapproché à une production qui dépasserait les besoins de la consommation intérieure et solliciterait des débouchés extérieurs.

La France crut un moment pouvoir tourner la difficulté en revenant aux saines traditions du pacte colonial. Elle essaya d'introduire dans sa nouvelle colonie la culture des plantes tropicales ; le café, la cochenille, l'indigo, etc.

En 1848 encore, comme nous l'apprend M. Amé (1) au moment où le régime douanier de l'Algérie était en discussion, les hommes politiques se demandaient :

« Pourquoi les émigrants, au lieu d'expédier des denrées que nous produisons en abondance ne se mettraient-ils pas en mesure de nous approvisionner de coton, de soie, de cochenille et d'autres marchandises riches ? »

---

(1) Etude sur les tarifs de douane, tome II, page 60.

Il est vrai qu'un des délégués du département du commerce faisait alors judicieusement observer que si les cotons algériens étaient librement reçus, il y aurait péril pour la France :

« Puisque notre possession incitée de la sorte à développer la culture du coton deviendrait manufacturière et ferait échec à notre industrie » (1), ce, dont nous le savons déjà, la Métropole ne veut à aucun prix.

Quoi qu'il en soit de ces désirs et de ces craintes contradictoires, comme on ne pouvait administrativement changer la latitude des provinces du Nord de l'Afrique, les cultures tropicales maintes fois essayées ne donnèrent aucun résultat appréciable, et il en fallut revenir aux cultures d'Europe.

La France trouva d'abord moyen de se garantir contre la concurrence des produits algériens en les traitant en produits étrangers et en les gre-

(1) Des craintes analogues se sont manifestées, de nos jours, au sujet du Tonkin.

« L'Indo-Chine française, écrit M. J.-L. de Lanessan, dans *La Colonisation française en Indo-Chine*, est tributaire de l'Inde anglaise pour les quantités considérables de sacs en jute, dont elle fait usage pour l'exportation de ses riz. En la dotant de filatures et de tissages de ce textile, on l'arracherait à cette dépendance et on lui donnerait une source importante de profits »... « Mais une autre question se pose, celle de la concurrence, que les usines de l'Indo-Chine pourraient faire à celles de la Métropole. En raison du bas prix de la main-d'œuvre indo-chinoise, les fabricants français sont convaincus qu'il serait facile aux usines du Tonkin de concurrencer celles de la France, au point d'en amener la ruine dans un laps de temps très court. Les usines de Calcutta auraient, d'après eux, déjà produit cette ruine si notre industrie n'était protégée par des droits sur les tissus de jute fabriqués à l'étranger. Les usines de l'Ecosse qui ne jouissent pas de la même protection sont sur le point de succomber. Déjà les usines qui sont projetées à Chandernagor, terre française, menacent celles de la France, car leurs produits entreront en franchise dans notre pays. »

vant de droits de douane. Mais on s'avisa bientôt, que vouloir obliger l'Algérie à n'importer guère que les marchandises manufacturées de la France, lui interdire de recevoir les produits manufacturés étrangers, l'empêcher aussi de nouer des relations commerciales avec les contrées étrangères et en même temps repousser ses produits naturels du marché de la Métropole, c'était s'opposer à son développement et éterniser au détriment des contribuables les subventions de la Métropole.

D'ailleurs on pensait que les exportations algériennes seraient si peu importantes, qu'il n'en résulterait pas de dommage. Justement vers cette époque, un vent de liberté commerciale soufflait sur la France, c'était l'époque des traités de commerce.

Ces réflexions donnèrent naissance aux lois *du 11 janvier 1851 et du 17 juillet 1867* qui réalisèrent l'assimilation douanière de l'Algérie, mais sous le rapport seulement du régime des exportations.

En 1884, au moment où l'assimilation douanière fut résolue même pour le régime des importations, on ne s'occupa pas des exportations.

Toute cette partie très importante de la question douanière demeura dans l'ombre.

La considérait-on comme résolue définitivement et sans retour depuis 1867 ?

N'intéressait-elle aucunement les promoteurs des modifications de 1884, les manufacturiers du nord dont M. Peulevey, député du Havre et ses collègues étaient les représentants ? Trouvaient-ils même de bonne stratégie parlementaire de ne point éveiller l'attention des représentants agricoles sur les dangers qu'allait présenter au moment même où la France essayait de récupérer sont marché intérieur l'invasion des produits algériens ?

Cette dernière hypothèse est la plus vraisemblable.

La procédure même employée pour transformer le régime douanier de l'Algérie, procédure en quelque sorte secrète, véritable coup de surprise tenté et réussi en fin d'année sur un Parlement qui n'était déjà plus en nombre, au moyen de l'addition à la loi de finance du 29 décembre 1884, d'un article 10, comme s'il s'agissait d'un simple supplément de recettes, nous paraît trahir suffisamment l'arrière-pensée et le calcul des promoteurs de la modification,

En Algérie, on se préoccupa pas non plus des exportations.

Ni le Conseil supérieur, ni les Chambres de commerce n'étaient consultés au début. Le Gouvernement se borna pour le Conseil supérieur, au moment où il donnait son avis sur la revision des tarifs de l'octroi de mer à lui montrer l'adoption de la proposition Peulevey comme irrévocablement décidée, en l'invitant à la prendre comme point de départ de ses proportions.

Ce n'est qu'aux environs de 1891, au moment où allait se discuter le nouveau tarif des douanes françaises que le projet en fut envoyé pour avis à toutes les Chambres de commerce du territoire français.

Les Chambres de commerce d'Algérie en furent donc saisies non point spécialement au point de vue algérien, mais au point de vue général métropolitain

Elles en profitèrent cependant pour donner leur appréciation sur le nouveau tarif envisagé au point de vue colonial.

Les événements économiques qui s'étaient déroulés dans les dernières années, événements qui commençaient seulement à se dessiner vers 1884 mais qui s'accusaient de plus en plus en 1891, donnaient à leurs observations une importance et une opportunité singulières.

Pendant longtemps les exportations algériennes n'avait guère présenté d'intérêt pratique.

Certainement quelques métropolitains clairvoyants avaient pu s'alarmer quand on projetait de recevoir en franchise les produits algériens, de la pléthore qu'ils pourraient occasionner sur le marché national mais on les traitait volontiers de timorés : « il serait facile de prouver disait de Tocqueville dans son rapport de 1847 à la Chambre des Députés que cette mesure ne pourrait avoir d'ici à longtemps d'inconvénients graves. » Et M. Amé bien plus tard en 1877, ne relatait leurs craintes que pour en constater l'inanité.

« Est-il besoin d'ajouter, écrit-il en réponse à l'opinion de M. Tourrel, Ministre du commerce en 1848 qui n'admettait pas qu'on pût sans danger abaisser complètement les barrières de la douane française devant les céréales, les bestiaux, les laines et les vins de l'Algérie que les envois de l'Algérie (après 1851) n'avaient porté aucune atteinte à la production nationale » (1).

C'est qu'avant de produire et d'exporter, un jeune pays doit d'abord commencer par importer les capitaux qui seront la semence de sa production, aussi pendant longtemps l'Algérie fût-elle surtout un pays d'importation.

Pendant une longue série d'années les importations l'emportaient de beaucoup sur les exportations. Vers 1880, elles en formaient encore le double. A partir de ce moment, la différence alla se comblant rapidement, jusqu'à ce qu'en 1889, la vieille proportion se renversant, le commerce extérieur étant de 482 millions de francs, l'importation fut représentée par 240 millions et l'exportation par 242.

Cet accroissement considérable de l'exportation algérienne tirait sa source de l'impulsion particulièrement vive qui fut donnée à la colonisation après 1870.

A ce moment un grand nombre de terres séquestrées furent réunies au Domaine. Les émigrants affluèrent par suite des désastres occasionnés par l'invasion allemande. De 265,917 âmes que la population européenne comptait en 1872, elle monta subitement à 422,225 âmes en 1886, soit une augmentation de 60 p. o/o.

---

(1) Etude sur les tarifs de douane, tome II, page 63.

Si cette progression eût été maintenue, la population eût doublée en 19 ans.

A cet afflux de colons, auxquels d'excellentes terres pouvaient être délivrées, vint se joindre un afflux de capitaux. La France, ravagée par le phylloxera et désespérant d'en venir à bout, essayait de reconstituer un domaine viticole sur l'autre rive méditerranéenne. L'outillage du pays commencé sous l'Empire se poursuivait rapidement par la création de voies ferrées, et l'établissement de services rapides entre la Métropole et les ports algériens.

Aussi l'étendue du vignoble qui, en 1870, était de 12,000 hectares et ne s'élevait qu'à 16,600 hectares en 1878, passait, 10 ans plus tard, en 1887, à près de 88,000 hectares pour arriver à 109,000 en 1891. La production du vin, de son côté, montait de 338,000 hectolitres en 1878 à plus de 4 millions en 1891.

Les diverses autres branches de la production, prenaient un essor correspondant.

D'un tableau dressé par M. Burdeau (1), il résulte que la production en céréales passait de 10,730,000 quintaux, pendant la période 1863 à 1867, à 15 millions 178,000 dans la période 1873 à 1877, et à près de 17 millions dans la période 1883 à 1887.

Aussi les Chambres de commerce algériennes et particulièrement la Chambre de commerce d'Alger,

(1) Budget général de l'exercice 1892 (Service de l'Algérie), page 8.

qui exprimait d'une façon assez exacte, l'opinion du public compétent se préoccupant, à juste titre, de la brusque importance que prenait la production locale, cherchait-t-elle dans leurs revendications à lui assurer le meilleur écoulement.

Partant de cette donnée, que le régime des importations définitivement fixé en 1884 assurait à la France le complet monopole du marché algérien, la Chambre de commerce d'Alger demandait par suite d'une réminiscence des antiques dispositions du pacte colonial, que le monopole du marché français fut réservé aux produits algériens.

« La France, disait-elle, se réservant l'intégralité du marché algérien pour ses marchandises ouvrées et opposant la rigoureuse application des droits imposés aux produits étrangers... l'Algérie est fondée de demander que celle-ci consente à faciliter et à favoriser l'essor de sa production spéciale consistant en produits naturels par l'application sur les similaires venant de l'étranger de droits assez élevés pour que son exportation en France ne soit pas mise en infériorité.

C'est pourquoi les Algériens sont unanimes à demander... en ce qui concerne l'étranger, l'application à l'entrée en France et en *Algérie de droits assez élevés aux similaires des produits algériens* » (1).

Malheureusement, en 1890, la base sur laquelle

---

(1) Exposé des travaux de la Chambre de commerce d'Alger, année 1889 à 1890, pages 298, 295.

devait être assise le régime douanier de l'Algérie n'était plus en discussion.

Cette base avait été précédemment fixée en 1867 et 1884. On avait opté pour l'assimilation, pour l'égalité. Que venait-on parler de réciprocité, alors que le débat était clos ?

Tout ce que le Gouvernement désirait savoir en consultant les Chambres de commerce de France, c'était si le nouveau tarif de douane devait comporter des tarifs fiscaux ou des tarifs protecteurs, s'inspirer du libre échange ou procéder de la protection.

Mais en admettant qu'il n'eût pas été trop tard qu'à propos d'une nouvelle fixation de tarifs, il fut licite de rouvrir un débat récemment clos et de critiquer la base même sur laquelle reposaient les rapports commerciaux entre la France et l'Algérie, il n'est pas douteux que jamais la France n'eut voulu, ni pu accorder le régime de réciprocité dont on sollicitait l'octroi.

Nous avons suffisamment expliqué dans les chapitres précédents que le régime de la réciprocité suppose comme condition essentielle la diversité des produits. La Métropole ne peut efficacement réserver son marché à la colonie et lui garantir ce monopole que si les produits coloniaux n'y rencontrent aucune concurrence soit de la part des produits similaires étrangers, soit même de la part des produits similaires métropolitains, absolument comme la colonie ne peut efficacement réserver son marché aux produits métropolitains et leur garantir un monopole que si ces produits ne doivent rencontrer la concurrence ni des produits similaires étrangers, ni même des produits similaires coloniaux.

Or comment la France pourrait-elle garantir que les céréales, les vins, les laines, le bétail d'Algérie ne seraient pas concurrencés alors que son propre sol fournit en abondance déjà des céréales, du vin, de la laine et du bétail ?

On dira peut-être que si le régime de la réciprocité ne peut pas exister à l'état absolu, il peut encore et très utilement, fonctionner à l'état relatif.

La Métropole ne se suffit pas complètement, même en céréales, en vin, en bétail, soit que dans une population riche, la consommation ait toujours une certaine tendance à dépasser la production et qu'on puisse toujours la développer ou la faire naître en créant de nouveaux besoins, soit surtout que la quantité des produits étant suffisante, la qualité ne le soit pas toujours et que la France ait intérêt à exporter une partie de sa production dans un but d'échange pour importer une partie de la production étrangère.

Il est donc possible de concevoir dans les rapports commerciaux entre la France et l'Algérie, un système de réciprocité imparfaite, dans lequel la colonie recevrait exclusivement les produits manufacturés de la Métropole et expédierait, par privilège, dans la Métropole, le complément de l'approvisionnement et de l'alimentation nationaux.

C'est à peu près là, le système que préconise le

dernier rapporteur du budget de l'Algérie, M. Pourquery de Boisserin (1) :

« Il est, dit-il, un principe sur lequel nous ne nous lasserons pas de revenir et qu'il faudrait appliquer le plus largement possible : c'est que tous les produits que l'Algérie est susceptible de fournir doivent être recherchés par la Métropole dans sa colonie et non à l'étranger ».

Mais on doit observer que cette réciprocité imparfaite n'assure pas à l'Algérie une égalité de traitement, la France y gagnant un complet monopole pour ses produits manufacturés et l'Algérie n'en retirant qu'un monopole partiel pour ses produits naturels.

On doit ajouter encore que cette réciprocité même relative et imparfaite, insuffisante pour l'Algérie, ne sera pas toujours aussi facile à réaliser que M. Pourquery de Boisserin est tenté de le penser.

Il n'arrivera d'abord pas toujours que l'Algérie puisse fournir à la Métropole pour son complément la qualité que cette dernière désire. Les minoteries françaises, par exemple, s'approvisionnent, de préférence, au Nord, de blé tendre d'Amérique ; au Sud, de blé tendre de Russie qui fournissent aux céréales nationales l'appoint de gluten qui leur manque. Elles recherchent médiocrement les blés d'Algérie qu'elles trouvent généralement sans force.

---

(1) Budget général de l'exercice 1895, Service de l'Algérie, rapport, page 241.

Lui fournit-elle les qualités désirées que l'Algérie ne serait évidemment pas seule à les lui pouvoir fournir.

D'autres nations étrangères, qui ont son climat et sa production comme l'Espagne, pourraient également approvisionner le marché français. Or, peut-on penser que pour favoriser l'Algérie, la France brise perpétuellement, comme elle l'a fait en 1892 pour ses vins, ses relations commerciales avec les Etats qui l'entourent et notamment avec sa voisine du Sud-Ouest ?

Hélas ! elle a perdu le droit depuis 1870 de poursuivre sa marche dans le monde sans se préoccuper des sympathies ou des antipathies des autres peuples. Des alliances menaçantes se sont formées contre elle, elle cherche à y répliquer de son mieux par des contre-alliances. Si au sud-est l'Italie est son ennemie, n'est-il pas à souhaiter que l'Espagne soit son alliée au sud-ouest ? tout au moins si elle ne pouvait compter sur sa coopération en cas de guerre, devrait-elle être assurée de sa neutralité bienveillante et comment cette neutralité bienveillante peut-elle prendre naissance si des hostilités, même seulement commerciales, se perpétuent entre les deux pays ?

La France ne pourra donc pas toujours écarter l'Espagne, cette rivale de l'Algérie, de son marché commercial afin de le réserver exclusivement à sa colonie ?

Mais l'Algérie n'aura pas à compter seulement avec l'Espagne, elle devra compter encore avec les autres colonies françaises.

Au XVIIIe siècle la France ne possédait plus qu'un seul groupe de colonies, la Martinique, la Guadeloupe, St-Domingue, etc., pays sucriers dont les intérêts étaient identiques. Pourvu que le même régime fut accordé à chaque colonie, aucune n'avait à jalouser une rivale et à récriminer sur le sort commun.

Mais au XIXe siècle, la France possède les Antilles, l'Indo-Chine, l'Algérie. Ce sont des pays situés sous des latitudes diverses, dont les cultures diffèrent, dont les besoins ne sont pas homogènes, aussi si dans telle hypothèse déterminée, l'application du principe de réciprocité est avantageux pour telle colonie, il peut être désavantageux pour telle autre.

Voici par exemple l'Indo-Chine qui cultive les textiles des pays chauds, le coton, le jute, etc., elle demande à ce que ses cotons soient protégés sur les marchés de la Métropole :

« Parlerai-je des tarifs douaniers, écrit M. de Lanessan (1). Certes il est indispensable que la Métropole trouve dans ses colonies un écoulement pour ses produits.... mais n'est-il pas équitable aussi que nos colonies trouvent dans les tarifs métropolitains un encouragement au progrès de leur agriculture et de leur commerce ? Or à part quelques denrées spéciales de consommation peu étendue, comme le poivre, le thé, le café, qui jouissent d'une détaxe de moitié du tarif, les matières premières que nos colonies pourraient

(1) La colonisation française en Indo-Chine, page 347.

produire ne sont nullement privilégiées à leur entrée en France : *le coton*, les huiles oléagineuses, le jute et les autres textiles des pays chauds, etc., provenant de nos colonies ne jouissent d'aucun avantage par rapport aux produits similaires venant de l'étranger. »

Ecoutons maintenant la Chambre de commerce d'Alger :

« (Il faut) protéger la vigne et les orangeries, auxquelles des droits modérés sur les produits étrangers pourraient donner une grande extension, *et ne pas protéger le coton*, matière première qu'il importe de faire arriver à nos usines à meilleur marché pour favoriser l'exportation de leurs produits fabriqués et qui n'est produit en Algérie que dans des conditions d'infériorité économique » (1).

La contradiction est manifeste, mais elle n'est pas absurde.

L'Indo-Chine produit beaucoup de coton, et elle consomme relativement peu de tissus, elle vend plus qu'elle n'achète, elle a donc intérêt a vendre cher.

L'Algérie consomme, au contraire, beaucoup de tissus et ne produit pas de coton, elle achète sans vendre elle a donc intérêt à acheter bon marché.

Dans ces conditions, il est bien difficile à une métropole, faute de pouvoir mettre d'accord des colonies dont les intérêts économiques sont souvent opposés, de prendre le système de réciprocité pour base de ses relations commerciales avec elles,

(1) Exposé des travaux, années 1889-1890, page 303.

elle risquerait fort de ne faire que des mécontents.

D'ailleurs la France ne s'est pas embarrassée de ces difficultés et de ces subtilités. Les tarifs de douane ont toujours été combinés de manière à lui donner la plus entière satisfaction, sans qu'on se préoccupât de savoir s'ils étaient favorables ou contraires aux colonies et à l'Algérie, qui étant considérées comme de simples possessions, n'avaient point voix au chapitre et ne comptaient pas.

Il est vrai que ces tarifs protègent cependant parfois les exportations algériennes. Mais sans rechercher si cette protection qui est accompagnée d'énormes charges, n'est pas plus apparente que réelle, on doit dire qu'elle est purement accidentelle.

Elle intervient à la suite d'un véritable accident et comme par ricochet. La France a protégé un de ses produits qui lui est commun avec l'Algérie, et l'Algérie en profite par dessus le marché.

Tel le blé. Mais la protection dont il jouit n'ayant pas été spécialement conçue en vue de favoriser l'agriculture algérienne, est par cela même fragile et précaire.

La protection, en effet, plaît aujourd'hui à la Métropole. L'Algérie doit l'accepter. Si demain, le libre-échange l'emportait au Parlement, l'Algérie devrait également en subir les conséquences.

Il y a plus et c'est là un point important à retenir. Même si sous un régime de protection comme celui qui existe, il paraissait expédient à la Mère-

Patrie, d'abaisser dans certains cas ses barrières, d'autoriser l'entrée en franchise des produits naturels ou fabriqués d'une puissance amie, elle le pourrait faire, et elle le ferait quand bien même l'Algérie eût personnellement à en souffrir un gros dommage.

Si par exemple, pour resserrer les liens de l'alliance franco-russe, il plaisait aux pouvoirs publics de modifier même le tarif minimum et d'ouvrir sans restriction les marchés français aux blés durs russes, à la grande satisfaction des commerçants marseillais, ils le pourraient, et bien que ces blés durs exotiques vinssent concurrencer d'une façon désastreuse les blés durs algériens, l'Algérie n'aurait même pas le droit de se plaindre, la généralité des départements français ne produisant pas cette sorte de céréales et devant tirer plus d'avantage que d'inconvénient de l'adoption de la mesure précitée.

On aurait bientôt fait de lui fermer la bouche en répliquant qu'il n'est pas admissible que, dans une République démocratique qui a pour principe et pour sauvegarde la loi des majorités, trois départements aient la prétention de faire la loi à quatre-vingt-six.

La protection est donc souvent accidentelle, elle est due à un heureux hasard et il n'est que sage de n'y pas trop compter.

Que s'il n'y a pas conjonction fortuite entre les convenances de la Métropole et celles de l'Algérie, l'Algérie est d'ordinaire sacrifiée.

Par exemple, la France qui est manufacturière

a intérêt à exempter de droits les matières premières que son sol ne fournit pas ou ne fournit qu'en quantité insuffisante et que l'industrie de ses ingénieurs et de ses ouvriers transforme en objets ouvrés. L'Algérie au contraire n'est pas manufacturière. Son sol fournit beaucoup de matières premières qui forment quelques-uns des gros articles de ses importations. Elle a intérêt à ce que les matières premières venant de l'étranger soient frappées à leur entrée en France.

Il y a donc là un véritable conflit, eh bien dans ce conflit, l'Algérie a presque toujours le dessous.

Les minerais de toutes sortes, qui sont si communs dans la chaîne de l'Atlas, et dont l'un d'entre eux le minerai de fer a été exporté en 1893 pour une valeur de 2 millions sont exempts, les laines en masse dont il a été exporté pour 14 millions sont également exemptes, les peaux brutes dont il a été exporté pour près de 7 millions sont exemptes, de même les alfas qui ont été exportés pour une valeur de 6 millions, après avoir été exportés en 1884 pour une valeur de 14 millions et demi.

A la vérité, les lièges bruts, rapés ou en planches, dont l'Algérie a exporté en 1893 pour 5,216,000 fr., acquittent un droit de 3 francs. Mais on peut noter comme explication à cette exception que les forêts de chênes-liège de la colonie appartiennent à d'opulents concessionnaires réunis en société, dont le siège est à Paris tout auprès des bureaux des ministères et des salles des commissions parlementaires où elles ont un facile accès.

Dans le même ordre d'idées, nous avons la même constatation à faire pour une autre classe de produits, dont l'importance pour être encore secondaire, va constamment en croissant, nous voulons parler des fruits et des légumes.

Le sol de la Métropole ne fournit plus, aujourd'hui, une quantité de fruits et de légumes suffisants pour satisfaire l'insatiable demande des grandes et des moyennes villes.

Bien que depuis une cinquantaine d'années, l'art du maraîcher et de l'arboriculteur se soit très perfectionné et que les populations urbaines aient à leur disposition une plus grande variété et une plus grande abondance de fruits et de légumes, la France est dans l'obligation de demander un fort appoint à l'étranger.

Cet appoint, l'Algérie pourrait le lui fournir. Favorisée par le climat, elle peut donner des fruits et des légumes en toute saison, et elle en donne chaque année davantage. En 1892, il a été exporté par le seul port d'Alger, 10,177,000 kilos de fruits et 6,320,000 kilos de légumes, ce qui, en mettant les fruits et les légumes au prix moyen de 30 francs le quintal, au lieu d'embarquement, représenterait une valeur de 4,949,100 francs. Dix ans auparavant, en 1883, l'Algérie entière n'exportait que 2,841,000 kilos de légumes verts et 8,709,000 kilos de fruits, ce qui représente une valeur totale de 3,405,000 francs. Avec la création de nouvelles lignes de chemins de fer et l'établissement de nouveaux services rapides entre Alger et Marseille, cette production ne pourrait que se développer le long du littoral, à proximité des ports, ou, suivant les cas, dans une zone intérieure plus ou moins étendue.

Mais l'Algérie n'est pas seule à être favorisée par le climat. L'Espagne du Sud, depuis Alicante jusqu'à Malaga, est encore mieux partagée qu'elle. Les fruits et légumes de cette contrée paraissent sur le marché quelques semaines avant les nôtres et viennent faire concurrence, même sur place, aux produits de nos maraîchers algériens.

Que des services rapides s'établissent entre l'Espagne Cette et Marseille, la concurrence qui existe déjà, car, en 1894, l'Espagne a expédié sur le marché de Paris 319,670 kilos de fruits et de légumes contre 448,775 venant d'Algérie (1), deviendra très âpre et l'Algérie aura de la peine à la soutenir dans la Métropole.

Or, les fruits et les légumes primeurs ne sont pas protégés.

Le tarif des douanes mentionne seulement un droit de 6 francs par quintal (tarif minimum) pour les légumes frais.

A la modicité du droit, il est aisé de se rendre compte que ce ne sont pas les légumes primeurs que l'on protège, mais les légumes venant en saison ordinaire, que ce sont donc les intérêts de la culture maraîchère de la Métropole qui ont été pris en considération, et non point ceux de la culture maraîchère de l'Algérie. Un droit de 6 francs pour des légumes verts, tels que les haricots, qui

---

(1) Les consommations et les marchés de Paris en 1894. (*Economiste français* du 1er juin 1894).

se vendent parfois en avril, sur le carreau de la halle, au prix de 400 francs le quintal, et qui en valent bien 200 et plus au port d'embarquement ne représente que 1 1/2 o/o. La pomme de terre a un tarif à part, elle paye 0 fr. 40 par quintal, ce qui, pour une valeur de 30 francs par quintal que l'on attribue aux pommes de terre primeurs, représente une protection de 1,30 p. o/o.

Quant aux fruits le tarif général ne mentionne pas spécialement les amandes vertes, les cerises, etc., il les comprend sous la dénomination « autres fruits » et leur assure une protection de 3 francs par quintal (tarif minimum).

On comprend ici encore à la modicité du droit que ce ne sont pas les fruits primeurs qui sont protégés, mais les fruits ordinaires, et que c'est toujours de l'arboriculture métropotitaine et non point de l'arboriculture algérienne dont on se préoccupe.

L'orange est à peu près le seul fruit algérien qui jouisse d'une véritable protection. Le droit varie de 5 à 10 francs par quintal au tarif minimum, suivant qu'il s'agit d'oranges ou de mandarines. C'est là le chiffre qui avait été proposé par la Chambre de commerce d'Alger. Son adoption est probablement due aux démarches de quelque député ou de quelque sénateur influent. Mais il ne paraît guère efficace ; à Marseille dans les 5 premiers mois de 1895, il a été importé 3,208 kilos d'oranges espagnoles contre 1,525 kilos d'oranges algériennes.

Mais si la France ne protège pas les fruits et légumes primeurs, par la raison qu'elle n'en produit point d'ordinaire et qu'elle doit en demander au dehors, elle a grand soin cependant de les protéger, lorsque par exception elle en produit.

Les raisins et les fruits forcés par exemple, qui viennent au cœur de l'hiver dans les serres chaudes sont protégés par un droit qui n'est plus de 10 francs par quintal, comme pour le raisin ordinaire et le raisin primeur, mais de 150 francs au tarif minimum et 200 francs au tarif maximum !

Si maintenant nous tirons les conclusions des observations que nous venons de présenter, nous dirons que le régime des exportations ne corrige pas pour l'Algérie, les défectuosités de son régime d'importation. Elle ne peut pas récupérer sur son exportation la surtaxe qu'elle acquitte sur son importation. La réciprocité lui est complètement interdite, soit parce que ses produits sont similaires de ceux de la Métropole, soit parce que le complément d'alimentation et d'approvisionnement que la France peut tirer de l'étranger ne pourra pas, pour des raisons diplomatiques, être exclusivement demandé à la colonie au détriment des nations voisines et surtout de l'Espagne, soit enfin, parce qu'en dressant son tarif de douane, la France s'est uniquement inquiétée de se protéger elle-même.

Nous avons maintenant, à propos du régime des exportations, à nous poser une interrogation que nous avons résolue d'une façon négative pour le régime des importations.

Ce régime est-il avantageux pour la France ?

Quand il s'est agi des importations, notre réponse

a été un peu complexe, elle a comporté certaines distinctions et nécessité des explications assez étendues. Mais pour les exportations, elle sera dans tous les cas beaucoup plus simple. C'est un peu le cas de dire ici que poser la question, c'est la résoudre.

En 1893, l'Algérie a exporté pour 169,700,000 francs de produits, dont 142,366,000 francs à destination de la France et 27,477,000 à destination de l'étranger, ce qui donne une proportion d'un peu plus de 83 p. o/o pour la France et d'un peu plus de 16 p. o/o pour l'étranger. Nous avions rencontre une proportion un peu moins forte pour les importations.

Si on rentre dans le détail de ces exportations, on voit d'abord qu'elles se divisent en deux grandes classes : l'Algérie exporte soit des objets d'alimentation, vins, céréales, viandes, soit des matières premières, laines en masse, peaux brutes, lièges bruts, alfas, minerais, etc., etc.

On voit encore que ces deux grandes classes de produits sont d'inégale importance, que tandis que les objets d'alimentation sont représentés par une valeur de près de 95 millions de francs, soit, si l'on prend les gros produits, 51,018,006 pour les vins, 23,387,000 pour les céréales, 20,246,000 pour le bétail, les matières premières sont représentées par une valeur totale de 38 millions dont, si l'on examine aussi les gros produits, 14 millions pour les laines en masse, 7 millions pour les peaux brutes, 6 millions pour les alfas, 5,216,000 pour le liège brut, 2,082,000 pour le minerai de fer, 1,500,000 pour le corail brut, 1,294,000 pour les écorces à tan, 805,000 pour le minerai de plomb, etc.

On voit enfin que la presque totalité des objets d'alimentation sont exportés en France, à tel point, que les exportations de vins, céréales, bétail, etc., ne figurent même pas dans les documents officiels sur le tableau du commerce de l'Algérie avec l'étranger, tandis qu'une partie notable des matières premières vont à l'étranger, tels que 6 millions d'alfa, près de 3 millions de minerais, 1 million de peaux brutes, 793,000 francs de liège brut, 500,000 francs de corail, 460,000 francs d'écorces à tan, etc., etc.

Il en résulte que les exportations algériennes se présentent pour la France qui regorge d'objets d'alimentation et manque de matières premières sous la forme la plus défavorable. Elles apportent moins un appoint à son marché qu'elles ne lui créent une pléthore.

Le fait est d'autant plus grave que suivant le cours naturel des choses, la production des denrées agricoles en Algérie ira en augmentant très rapidement.

Prenons par exemple le vin et le bétail qui sont les deux grands produits coloniaux, ceux qui constitueront toujours le fond des exportations locales, parce que le pays ne peut en consommer qu'une très faible partie, les Indigènes ne buvant pas de vin, mangeant peu de viande, et les Européens étant peu nombreux.

Sous l'empire des anciens traités de commerce avec l'Espagne, la viticulture du Midi de la France souffrait d'une redoutable concurrence qui par la surabondance des produits offerts amenait disait-on l'avilissement des prix.

C'est pour réagir et empêcher cette pléthore qu'un droit correspondant à la valeur intégrale de la marchandise, soit de 1,20 par degré, jusqu'à 11 degrés inclusivement avec adjonction pour les dégrés supplémentaires d'une taxe de douane correspondant au droit intérieur sur l'alcool a été mis sur les vins étrangers. Cette protection considérable au moyen de laquelle la Métropole a essayé de reprendre son marché intérieur menacé cependant de demeurer vaine. La France sera toujours inondée si ce n'est plus par l'Espagne ce sera par l'Algérie.

Il faut considérer, en effet, qu'au moment de sa plus redoutable concurrence, l'Espagne ne produisait pas plus de 24 millions d'hectos dont elle consommait la plus grande partie, car pour sobres que soient ses 18 millions d'habitants, ils ne sont pas musulmans et boivent par conséquent du vin. Le surplus de sa production n'était pas en totalité, mais seulement en partie dirigé sur France. Aujourd'hui, l'entrée de ses vins a bien diminué, cependant elle n'est pas nulle. Mais voici que l'Algérie a produit en 1891, plus de 4 millions d'hectolitres, on estime que cette année elle en donnera 5. Un membre de la Chambre de commerce d'Alger, M. Ricome, qui jouit d'une autorité spéciale dans la matière, estimait dans la séance du 31 octobre 1894, que l'Algérie produirait environ 7 millions d'hectos vers 1897.

La production ne s'arrêtera pas là, elle montrera

soit parce qu'avec un meilleur choix des cépages, l'amélioration des fumures, le perfectionnement de la taille et l'âge de l'arbuste, le rendement devient très sensiblement plus fort, soit parce que malgré tout on continue toujours à planter. Bien qu'il soit notoire que la culture de la vigne perde du terrain dans le département de Constantine, elle en gagne dans les départements d'Alger et d'Oran et le gain dépasse la perte (1).

Toute cette production se dirige et se dirigera à peu près exclusivement sur la France où déjà aujourd'hui l'Algérie tient la tête pour l'importation.

On essaye bien de répondre que la production viticole algérienne ne pourra porter préjudice à la viticulture française, parce que par une série de mesures, on va augmenter le débouché du vin et qu'il y aura ainsi place pour tout le monde. On augmentera législativement ce débouché par la suppression du mouillage qui est déjà chose faite, par la réforme de l'impôt sur les boissons qui en détaxant les boissons hygiéniques et notamment le vin pour surtaxer l'alcool fera délaisser l'alcool au profit du vin. Pour nous il est bien incertain que par de simples mesures législatives, l'Etat puisse, au moins à brève échéance, corriger dans une importante mesure les habitudes et les mœurs des adultes contemporains et substituer ainsi dans

(1) La statistique générale de l'Algerie. années 1891-1893, pages 300, 301, montre que la superficie des plantations de vignes qui était de 109,409 hectares en 1890-1891, est montée à 111,789 en 1891-1892 et à 116-394 hectares en 1892-1893. C'est donc en 3 ans un gain de près de 7,000 hectares.

de notables proportions l'usage du vin à celui de l'alcool ; que s'il y réussissait, le surcroît de débouchés ainsi obtenu serait probablement à peine suffisant pour satisfaire la viticulture métropolitaine dont les rendements ne peuvent que s'élever par suite de la reconstitution du vignoble et des meilleurs procédés de culture.

Au surplus, ce n'est pas seulement le vin algérien qui menace d'encombrer le marché de la Métropole, c'est encore le bétail.

L'Etat pourra-t-il encore prendre législativement une série de mesures qui amène le consommateur métropolitain à augmenter son alimentation en viande au moment même où cette consommation diminue (1) et à donner la préférence à la côtelette de mouton sur le rosbeaf de bœuf ou le jambon de porc ?

Qui oserait le prétendre ?

Il le faudrait cependant.

Alors que le capital ovin est estimé en France à 23 millions de têtes, il est déjà évalué en Algérie à 10 millions, mais c'est là un chiffre minimum.

Suivant les dires d'un écrivain bien placé pour être exactement renseigné, M. Pourquery de Boisserin, il pourrait facilement s'élever à 40 millions de têtes (2). Encore à ce capital faut-il ajouter le

---

(1) Au moins dans les grandes villes, ce qui est un signe de gêne et d'appauvrissement des populations, à Paris elle est descendue de 65 kilos par tête en 1885, et de plus de 67 kilos en 1885 et 1887, à 60 kilos en 1894, soit, depuis dix ans, une diminution de 5 kilogrammes par tête. (*Economiste français* du 1er juin 1895, *Le Cahos financier*).

(2) Budget général de l'exercice 1895, service de l'Algérie, page 137.

capital tunisien, peu important à l'heure actuelle, puisque d'après les estimations de M. Bourde, ancien directeur de l'Agriculture à Tunis, il s'élèverait seulement à 1.200,000 têtes, mais qui pourra sensiblement s'augmenter quand les éleveurs tunisiens se décideront à exclure de l'élevage certaines catégories de moutons à queue plate que la boucherie française n'accepte que très difficilement. Il convient de lui ajouter encore le capital marocain et le capital saharien dont l'exploitation sera aux mains du commerce algérien quand la France aura l'intelligence d'inaugurer une politique économique raisonnable.

Tous ces capitaux réunis monteront à 50, 60 millions de têtes et peut être plus encore.

Comment le prélèvement annuel qui sera opéré sur lui pourra-t-il être absorbé par le marché français ?

Un Ministre de l'agriculture M. Viger, dans une étude sur la question ovine en Algérie que nous n'avons pas sous les yeux, mais dont nous lisons quelques extraits dans un livre publié par le Gouvernement général et intitulé le *pays du mouton* déclare que la situation deviendrait intolérable en France, si le capital ovin de l'Algérie tel qu'il se compte actuellement étaient seulement doublé, s'il atteignait 20 millions de têtes au lieu de 10 millions.

« Au lieu, dit-il, d'avoir du 15 mai au 15 juillet des arrivages à Marseille de 40,000 têtes par semaine, ils atteindraient le chiffre énorme de 80,000, et comme avec 40,000 *le marché français se trouve déjà encombré, on voit quelle serait assurément la perturbation qui se produirait dans ce cas là dans le commerce de la viande du mouton.* » (1)

Mais que sera-ce donc lorsqu'au lieu d'expédier 80,000 têtes par semaine l'Algérie en expédiera 160 ou 180,000 !

Nos prévisions paraîtront peut être trop pessimistes. On s'appuiera sur les données du présent pour contester les possibilités de l'avenir.

Il est en effet bien constant que dans les circonstances actuelles, avec le défaut de sécurité dont souffre le sud, et le mauvais aménagement des eaux dans les Hauts-Plateaux et le Sahara, à ne citer que deux défectuosités de l'élevage du mouton, la production n'a guère de chance de se développer, tout au plus pourra-t-elle se maintenir.

Mais si comme on doit le supposer, cette branche de la productiou algérienne reçoit quelques soins, la production croîtra de suite et considérablement. L'établissement dans le sud d'une administration régulière suffirait à lui seul pour encourager l'élevage du bétail.

L'industrie pastorale plus que toute autre industrie a besoin pour prospérer d'une paix profonde, nulle proie n'étant plus facile à appréhender que le bétail, parce que c'est une marchandise d'une consommation courante qui se nourrit de peu et qui se déplace toute seule. Au moyen âge, l'Angleterre avait le monopole de l'élevage du mouton, ce qui lui a permis de devenir rapidement

(1) *Le Pays du Mouton*, page 500.

un pays manufacturier, parce que renfermée dans son île et défendue par sa muraille d'argent elle était à l'abri des commotions européennes et jouissait d'un calme ininterrompu.

Si à une administration régulière dans le sud, on ajoutait une direction intelligente on peut être assuré que l'élevage du mouton prendrait d'incalculables proportions.

Il n'est pas possible d'oublier quelle a été dans une autre partie du globe, dans un pays qui sous le rapport du climat n'est pas mieux partargé que l'Algérie, en Australie (1), le merveilleux développement des ovidés.

L'Australie ne possédait que quatre ou cinq brebis et autant de béliers ; en 1856, elle comptait déja 17 millions de têtes ; en 1870, 51 millions ; en 1888, 98 millions ; c'est-à-dire qu'en 18 ans, de 1870 en 1888, le nombre des têtes avait presque doublé (2).

On ne peut donc pas nier que le marché de la France, déjà encombré, suivant l'expression de M. Viger, par les incessantes infiltrations des produits agricoles algériens, qui ont tous leur similaires en France, ne soit menacé dans certaines des es parties d'un véritable écrasement et que

---

(1) « L'inconstance est la loi du temps en Australie, écrit M. le comte Roger de Beauvoir dans son livre sur l'*Australie*, page 196, à côté d'un *run* (exploitation), florissant un autre *run* est inondé, une province est dévastée par une trombe, une autre voit des milliers d'hectares naguère verdoyants, soudain desséchés si affreusement par le soleil que ses rayons tombant sur les herbes en fermentation suffisent pour y allumer l'incendie. »

(2) Leroy-Beaulieu *De la Colonisation*, 4e édition, page 650.

des exportations sans cesse grandissantes n'amènent dans peu de temps la gêne pour toutes les branches de l'agriculture et même la ruine pour quelques-unes.

On s'explique donc très bien qu'en présence de cet encombrement progressif et de cette saturation prochaine sur laquelle les promoteurs de l'assimilation douanière s'étaient bien gardé de s'expliquer en 1884, la France ait songé à se défendre.

Seulement, et c'est là un reproche qu'on ne peut manquer de lui adresser, au lieu d'agir comme la raison et l'équité l'indiquaient et de chercher une base nouvelle au règlement de ses rapports commerciaux avec sa grande colonie africaine, elle a préféré recourir à des procédés et à des expédients d'une correction très douteuse.

D'abord le commerce, dont c'est la mission de répartir les produits suivant les besoins de la consommation, a cessé ses commandes dès que le marché lui a paru encombré.

C'est, comme nous l'avons vu au chapitre Ier, ce qui s'est présenté en 1893 pour les vins et en 1894 pour les céréales. Aussi est-il arrivé que ces articles qui sont faits la plupart en vue de l'exportation, n'étant plus demandés, ont sur place considérablement baissé de valeur. Dans les environs d'Alger, le blé tendre s'est vendu, en juillet et en août, sur le pied de 14 à 15 francs le quintal. C'est à peu près, toutes proportions de rendement gardées, le prix qu'obtenaient à ce moment à l'entrepôt, c'est-à-dire droits non payés, les blés tendres d'Amérique au Havre ou à Dunkerque.

Que si les circonstances sont normales, le commerce ne s'abstient pas précisément. Mais escomptant avec le flair qui lui est familier l'inéluctable obligation dans laquelle se trouve la colonie d'expédier la très grande majorité de ses produits en France, il parle en maître et offre des prix réduits.

Il est un fait connu de tous les négociants et de tous les viticulteurs c'est que les vins algériens à qualité égale se vendent 20 à 25 p. o/o de moins que les vins français. Un bon vin du Sahel titrant 11 degrés se vend avec peine 14 francs l'hectolitre, alors qu'un vin similaire de l'Aude est payé sans difficulté 18 francs.

On dira certainement que l'abstention du commerce ne saurait être qualifiée de mesure de protection ; qu'il y a là en quelque sorte un phénomène automatique, que lorsque la France n'a pas de besoins on ne saurait lui faire un grief de ne pas demander.

On dira aussi que la vilité du prix est une conséquence naturelle et par conséquent légitime de la loi de l'offre et de la demande, qu'en fait les vins algériens servant surtout à abaisser par leur mélange le prix de revient des vins de la Métropole ne sauraient prétendre à une égalité de prix.

C'est possible, mais les agissements du commerce métropolitain, que l'Algérie doit subir, ont pour effet de diminuer ses exportations soit en quantité, soit en valeur. A ce titre, ils devaient être mentionnés.

Mais passons aux mesures de protection voulues.

La mesure indirecte la plus importante par sa généralité que le Parlement ait pris en France, sans oser en avouer les motifs, pour protèger le marché français a été l'imposition à l'Algérie, dans un délai qui devait être d'abord de 25 ans et que l'on raccourcit chaque jour de l'universalité des taxes de la Métropole.

Au torrent possible des exportations algériennes, on a opposé comme digue une apparente égalité des charges qui a simplement pour but de ralentir l'essor de la production.

On a exigé que les produits algériens fussent grevés des impôts généraux qui grèvent les produits métropolitains. De là une série ininterrompue de taxes, sans cohésion, sans liens entre elles, s'adaptant d'ordinaire très mal à un milieu pour lequel elles ne sont pas faites, dont le poids est l'unique raison d'être, qui sont venus s'abattre sur la colonie, sans aucune discussion préalable.

En 1884, le député normand M. Peulevey et quelques-uns de ses collègues avaient enlevé l'exhaussement des tarifs d'importation au moyen de la simple adjonction d'un article à la loi de finances.

Cette leçon paraît avoir profité aux représentants ruraux qui n'en sont plus à jouer les rôles de victimes. Leur phalange compacte enhardie par de continuels succès, intervient auprès du Gouvernement pour que chaque année la loi du budget recèle dans les replis de ses articles quelque nouvel impôt. Le Gouvernement se prête volontiers à ce jeu inconstitutionnel (1), parce qu'affamé d'argent, perpétuellement, hanté par le spectre du déficit, il est toujours aise de s'emparer rapidement, en échappant aux interminables lenteurs de la double lecture, d'une ressource avec laquelle on puisse aveugler un des innombrables trous du budget et que d'ailleurs conformément à une conception surannée, il en est encore à considérer l'Algérie comme une propriété nationale.

Mais nous avons montré récemment que la soi disant égalité de traitement que l'assimilation fiscale prétendait établir n'était qu'un leurre (2).

Le contribuable algérien ne reçoit pas de l'Etat, pour le versement du même chiffre d'impôts, la même somme de service que le contribuable en reçoit en France. D'autre part, la circulation des biens étant plus rapide et d'une façon générale l'activité sociale étant plus grande, l'impôt qui la frappe dans ses manifestations a un jeu plus accéléré qu'en France. Le contribuable algérien est donc bien plus souvent touché que le contribuable français.

Enfin, l'incidence ethnique doit également être prise en grande considération.

Dans la Métropole où l'étranger constitue une minorité, où d'ailleurs Etrangers et Français sont à peu près parvenus au même degré de civilisation, l'impôt est également supporté par tous. En Algérie,

(1) Voir les observations que nous avons présentées à ce sujet dans notre etude sur l'*Assimilatton fiscale en Algérie*, § 2, pages 23 et suivantes.

(2) De l'assimilation fiscaie, § 2, pages 13 et suivantes.

où l'élément étranger, en y comprenant l'élément israélite forme les 50 p. o/o de la population européenne, les Français et les Etrangers (Espagnols et Italiens du sud pour la plupart), sont, en réalité, de civilisation différente, l'impôt frappe surtout le Français en vue duquel il a été établi, puisqu'on applique les taxes de la Métropole.

Si donc, par hypothèse, suivant le calcul de M. le sénateur Clamageran (1), le contribuable français acquitte, en Europe, 93 francs par tête, ce même contribuable en Afrique en acquittera 120.

L'assimilation fiscale aboutit, en fin de compte à une différence de traitement, à une inégalité à rebours, qui en surchargeant outre mesure le producteur algérien, le place dans des conditions certaines d'infériorité, s'oppose à l'épanouissement de ses forces productives et constitue en ce sens une véritable protection pour le producteur de la Métropole.

Mais il est d'autres moyens qui pour être moins généraux n'en ont pas moins une efficacité partielle, par lesquels la Métropole essaye d'écarter le péril des exportations algériennes.

Par exemple, bien que les viticulteurs français qui vendent directement leurs récoltes à la consommation dans les villes, soient affranchis de tous droits de patente et de licence, les viticulteurs algériens, quand ils veulent vendre directement leurs récoltes à la consommation en France, y sont au contraire soumis.

(1) Rapport sur le régime fiscal de l'Algérie, page 55

Il y a un instant, nous montrions qu'on leur appliquait l'égalité des charges, maintenant on peut constater qu'on leur refuse l'égalité des faveurs. L'égalité est rompue à leur préjudice sur un marché qui pourtant devrait être commun et qu'on les oblige ainsi à déserter.

Cette différence de traitement n'est pas tout à fait dénuée d'intérêt pratique, puisque M. le conseiller Dasnières disait, dans une séance du Conseil supérieur (1), qu'il résultait, d'une pièce qu'il avait sous les yeux, qu'une somme de 443 francs était exigée d'un expéditeur, tant comme droits de licence que de patente, pour la vente de 20 bordelaises de vin, ce qui, pour les 40 hectolitres qu'elles contenaient, donne un chiffre de 11 francs par hectolitre, soit 0 fr. 11 par litre pour un produit dont la valeur vénale atteint malaisément 0 fr. 20 au lieu de production.

On pense bien que des réclamations se sont élevées, mais M. le Directeur général des contributions indirectes consulté, a répondu, non sans une aimable ironie, qu'il ne demandait pas mieux assurément que de provoquer une décision ministérielle autorisant l'analogie de traitement, mais qu'il mettait comme condition de son intervention le recensement général de toutes les récoltes algériennes, tout aussi bien de celles des viticulteurs qui exportaient du vin en France que celles des viticulteurs qui n'en n'exportaient pas.

C'était menacer l'Algérie de toute une série de

(1) Procès-verbaux du Conseil supérieur, année 1888, page 548.

mesures vexatoires et dangereuses. Aussi en y réfléchissant bien a-t-on trouvé qu'il était encore plus avantageux pour elle de repousser au lieu de l'accueillir un présent que l'on rendait onéreux à plaisir.

Par exemple encore, le Midi produit en général des vins qui titrent peu, l'Algérie au contraire produit en général des vins corsés, la moitié de ces vins d'après M. Ricome (1) ont plus de 12 degrés. Or le Midi français a trouvé un moyen assez simple de lui faire supporter une taxe qui ne l'atteindra pas lui-même c'est de faire insérer dans le projet de loi du 24 juillet 1894 sur la réforme des boissons un article 8 en vertu duquel les vins au-dessus de 12 degrés acquitteront désormais par chaque degré supplémentaire une taxe de consommation égale à celle de l'alcool, disposition analogue à celle qui atteint déjà les vins étrangers entrant en France.

Par exemple encore, en 1884, alors que l'on remaniait l'octroi de mer dans un sens protecteur, par un décret du 26 décembre, on décida, nous le savons, conformément à la règle usitée en matière d'octroi de terre, que si des produits métropolitains étaient frappés à l'importation par l'octroi de mer, les produits similaires algériens seraient frappés d'une taxe équivalente. C'était introduire en Algérie, d'une façon détournée, le mécanisme des impôts indirects, dont, à part le droit de licence, nous avions été jusque-là préservés, d'autant plus

(1) Chambre de commerce d'Alger, séance du 31 octobre 1894.

justement que ces impôts faisaient double emploi avec l'octroi de mer qui atteint la consommation en général.

Or, l'impôt sur l'alcool a toujours comporté un tempérament remarquable. Les propriétaires distillant pour leur consommation personnelle, les bouilleurs de cru, pour les appeler par leur nom, n'ont jamais été soumis ni à la déclaration des quantités produites, ni à l'exercice, c'est-à-dire qu'on les a exemptés du paiement de la taxe.

Mais cette exemption a toujours été refusée aux bouilleurs de cru algériens. On s'est basé pour la leur refuser sur l'article 2 du décret précité, portant que *toute personne* récoltant ou fabriquant un produit soumis à l'octroi devait être imposée. Interprétation fausse et malveillante s'il en fut, car — à moins de vouloir infliger aux Algériens l'inégalité de traitement qu'on venait de faire cesser vis-à-vis des français d'Europe — puisqu'on appliquait une règle de la Métropole, il allait de soi qu'on devait l'appliquer comme dans la Métropple et que toute personne devait être imposée comme elle l'eût été en France.

Aussi, aujourd'hui, les Algériens, pour éviter toute inégalité de traitement, et d'ailleurs pour d'autres causes que nous n'avons pas à examiner ici, demandent-ils la suppression du privilège des bouilleurs de cru en France.

Encore ne parlons-nous pas des incessantes attaques d'une presse stipendiée pour contester la bonté des produits agricoles de l'Algérie ou exagérer leurs défauts afin d'en détourner le consommateur et de la connivence que l'on relève chez les agents administratifs : laboratoires municipaux, inspecteurs sanitaires, etc. N'y a-t-il pas là un indice précieux à retenir des préoccupations de nos concitoyens d'Outre-Méditerranée ?

Nous sera-t-il permis d'ajouter cependant que ce n'est pas seulement la presse, mais encore le gouvernement lui-même qui mène souvent cette campagne de discrédit. A propos de l'expédition de Madagascar, les minotiers algériens n'ont-ils pas été exclus des adjudications de farine, sous le prétexte que le pays ne produisait pas de blé tendre ?

Rappellerons-nous aussi, ce qui est bien autrement grave, que tout récemment, à propos d'une pretendue clavelée infectant nos ovidés et dont au dire d'hommes spéciaux, tel que M. le vétérinaire Bonzom (1), on a imaginé l'existence et qu'il serait, dans tous les cas, facile de combattre, efficacement, si *la clavelisation* était mieux pratiquée en France, le Ministre de l'agriculture réclamait du Gouvernement général des précautions sanitaires qui, sous prétexte d'effets préventifs à atteindre, aboutissaient, en réalité, à une interdiction de l'exportation ovine.

Le danger a pu être momentanément conjuré, grâce à la vigilance du Gouvernement général. Les moutons pourront comme par le passé continuer

---

(1) « Je précise, écrit-il, sur aucun point du territoire algérien on n'a constaté l'affection (claveleuse) ni à l'état épizootique ni à l'état enzootique. Nulle constatation semblable n'a été faite aux ports d'embarquement ; nulle, non plus, n'a été faite aux ports de débarquement. Nous sommes donc en droit de déclarer l'accusation mal fondée... » — *Akhbar* du 30 avril 1895.

à partir, mais il est loin d'être sûr qu'ils puissent être vendus en France, ainsi qu'on en peut juger par le passage suivant que nous extrayons d'une lettre adressée, le 16 avril, par M. le Ministre de l'agriculture à M. le Gouverneur général :

« J'insiste, en terminant cette lettre, sur la nécessité, dans l'intérêt même des éleveurs algériens, de faire surveiller attentivement l'exécution des prescriptions de l'arrêté que vous allez prendre (il a été pris le 5 mai), car les plaintes qui se sont produites de tous côtés l'an dernier à la suite de l'apparition dans nombre de départements de la France d'une épizootie de clavelée importée par les moutons algériens (comme si avant l'introduction des moutons d'Afrique, la clavelée était inconnue en France !) m'obligent à donner pour instructions aux vétérinaires inspecteurs des ports de débarquement de faire renvoyer *sans délai, pour abattage immédiat*, soit au *sanitarium* des abattoirs de la Villette, soit à d'autres abattoirs sur lesquels l'expédition pourrait se faire sans danger, tous les animaux des chargements dans lesquels on constaterait des cas de clavelée. »

Ainsi un chargement entier de moutons de 2,000, 3,000, 4,000, 5,000 têtes sera sacrifié — au moins pour l'expéditeur — parce qu'une bête aura été reconnue malade. On abattra sans délai, immédiatement, un immense troupeau, sans prévenir les intéressés, en vertu de la décision sommaire, sans appel, d'un homme de l'art qui n'est pas infaillible, qui de plus sera peut-être le parent, l'ami, le protégé de quelque industriel de l'endroit, intéressé à l'abattage d'un copieux chargement pour en acheter à vil prix les bas produits !

On ne peut s'empêcher de remarquer combien les préoccupations jalouses et égoïstes ont en France d'intensité pour qu'elles puissent monter ainsi jusqu'aux Ministres eux-mêmes en altérant l'esprit de bienveillante et de large équité qui devrait animer tous les actes des dépositaires du pouvoir et combien elles témoignent en tout cas, pour un article d'exportation important de l'emcombrement et de la gêne du marché métropolitain.

Cet encombrement a été naguère implicitement reconnu par M. le Gouverneur général lui-même dans son dernier discours d'ouverture du Conseil supérieur (1) :

« Agrandir les débouchés existants, a-t-il dit, et *s'en ouvrir de nouveaux* devient pour l'Algérie une loi de plus en plus impérieuse. N'est-ce pas à la concurrence qui lui a été faite en d'autres places que ses principaux produits d'exportation doivent en partie d'avoir fléchi dans une proportion sensible.

Nos expéditions de vins avaient été en 1892 de 2,848,521 hectolitres représentant une valeur de 85,546,876 francs Elles n'ont été en 1893 que de 1,848,562 hectolitres représentant une valeur de 51,884,926 francs.

---

(1) Recueil des procès-verbaux du Conseil supérieur, année 1894, page 15.

Nous avons exporté en 1892 pour 1,934,496 quintaux de céréales, soit une valeur de 41,099,817 fr. ; nous n'avons exporté en 1893 que 1,204,821 quintaux, soit pour une valeur de 23,949,984 francs seulement, et cela bien que la récolte des grains eut été à peu près égale dans les deux années, et que les besoins de la consommation locale n'aient pas augmenté. »

Se créer de nouveaux débouchés ?

Si nous ne faisons erreur, le représentant du gouvernement central nous réitère là, sous forme de conseil amical, l'ordre impératif que l'Angleterre, alors qu'elle suivait la politique coloniale qui fleurit malheureusement encore en France, donnait à ses colonies à produits similaires d'aller vendre leurs bois et leurs céréales au sud du cap Finistère.

Mais l'Algérie n'a pas à se formaliser du conseil qu'on lui donne. Il n'est que trop vrai qu'à l'heure actuelle, agrandir les débouchés existants et surtout, ce qui serait autrement profitable, s'en créer de nouveaux, est le véritable remède au mal intense dont elle souffre.

C'est dans la meilleure distribution et l'accroissement de son commerce extérieur, et ce n'est que là qu'elle trouverait en peu de temps l'équilibre de son budget économique en déficit.

Malheureusement le conseil, au fond très judicieux, que formule M. Cambon, est pour le moment, du moins, parfaitement impraticable. L'Algérie n'a jamais été libre de chercher ses débouchés, et elle l'est moins que jamais. Ses débouchés lui sont commandés, imposés par les étroites rigueurs d'un régime douanier qui, lui-même, loin de constituer un accord librement débattu entre colonie et métropole, c'est-à-dire entre deux sociétés dont les intérêts économiques sont souvent divergents, ne peut être tenu que pour l'expression impérieuse d'une volonté unilatérale, aboutissant à la sujétion d'une collectivité plus faible à une collectivité plus forte.

Or, d'après ce régime douanier qui chasse les importations étrangères et isole l'Algérie des états étrangers, tous ses débouchés, par la force, même des choses, sont de plus en plus confinés en France, avec laquelle seule elle a licence de commercer.

La statistique est là qui ne peut laisser aucune illusion.

Pour les importations, la part de la France nous nous en souvenons, s'est élevée successivement de 77 p. o/o en 1891, à 79 p. o/o en 1892 et même à 81 p. o/o en 1893. Quant aux exportations, la part de la France est encore plus forte ; les exportations ont été respectivement en 1891, de 186,702,000 francs à destination de France et de 36,142,000 à destination de l'étranger, en 1892, de 195,274,000 pour la France, 32,865,000 pour l'étranger ; et en 1893, de 142,366,000 pour la France et de 27,477,000 pour l'étranger.

La part de la France a donc successivement passé de 76 p. o/o en 1891, à 85 p. o/o en 1892 et à 83 p. o/o en 1893. La part de l'étranger a donc baissé corrélativement de 23 p. o/o en 1891, à 15 p. o/o en 1892, et à 16 p. o/o en 1893.

Pour conquérir de nouveaux débouchés, il ne suffit pas à l'Algérie de le vouloir.

Sa volonté ne peut même pas être prise en considération, puisqu'aucun procédé légal ne lui permet seulement de l'exprimer. Il faudrait lui donner une voix, il faudrait briser l'airain de son milieu économique, réformer son régime douanier qui est la cause directe du rétrécissement de plus en plus marqué de ses débouchés.

Dans les circonstances présentes, hélas ! quand même des débouchés se présenteraient et s'offriraient spontanément qu'elle n'en pourrait guère profiter. Le coût de sa production est trop élevé du chef de ses importations onéreuses, du fait des impôts disproportionnés qu'elle acquitte, des frais de transport majorés qui l'entravent et sur lesquels nous allons incessamment nous expliquer, pour qu'elle puisse espérer lutter avec avantage sur les marchés libres du Nord avec d'autres pays économiquement mieux partagés.

Il faudrait au moins, pour qu'elle pût tenter la lutte, qu'on lui restituât à la sortie le montant des surcharges qu'elle supporte à l'intérieur.

Mais le régime douanier de la France ne comporte pas de pareils moyens, et ce n'est pas au moment où le Gouvernement demande annuellement un supplément d'impôts à sa grande colonie qu'il irait en imaginer de nouveaux, à seule fin de lui restituer, le cas échéant, une partie des sommes perçues.

Certainement les détaxes à la sortie ne sont pas inconnues en France. La Métropole comprend aussi bien qu'aucune autre nation que ses produits ne peuvent lutter sur les marchés extérieurs avec les produits des autres nations de l'Univers qu'à la condition de s'y présenter francs et quittes.

Seulement ses exportations à elle consistent surtout en produits fabriqués. En 1892, sur un total de 3,460 millions, les tissus et les soies de toutes sortes sont arrivés en première ligne avec 804 millions et les céréales en quinzième avec 60.

Ce sont donc les produits industriels que la France détaxe, parce qu'ils sont destinés en grande partie à être vendus au dehors, et non pas les produits agricoles qui sont surtout destinés à être consommés au dedans.

Elle reconnaît aux industriels la faculté d'importer en franchise les produits étrangers destinés à être fabriqués en France ou à y recevoir en complément de main-d'œuvre à charge de réexportation dans un délai déterminé.

Mais ces facilités d'exportation sont lettre morte pour l'Algérie.

Elle ne peut pas user du bénéfice de l'admission temporaire, soit parce que son industrie tout à fait rudimentaire, ne peut guère songer à manufacturer les produits des sols étrangers, lorsqu'elle commence à peine à s'attaquer aux produits du sol algérien, soit parce qu'elle exporte des matières premières et des articles d'alimentation et que le régime douanier ne comporte pas de moyens de restituer à la sortie de ses articles les taxes qu'ils ont supportées indirectement et par voie de répercussion.

Ainsi se trouve justifiée une fois de plus cette vérité que l'assimilation ou l'égalité douanière comme l'assimilation ou l'égalité fiscale constitue au regard de l'Algérie la pire des inégalités. La colonie est toujours atteinte par les charges qu'elle entraîne sans bénéficier pour cela des avantages qu'elle comporte. Même ces avantages tournent en général à son détriment particulier. On remarquera dans cet ordre d'idées que de même qu'à l'importation, l'entrée en franchise de certaines matières premières laisse ses matières similaires dénuées de protection en France, de même, à l'exportation, l'entrée en franchise conditionnelle de toutes les matières premières jette une véritable défaveur sur ses matières premières et même sur ses objets d'alimentation, comme le blé lorsqu'ils servent de matière première à une industrie. Il est par exemple notoire que la minoterie marseillaise qui travaille surtout pour l'exportation préfère les blés étrangers qui lui fournissent des acquits à caution aux blés algériens qui ne lui en fournissent pas.

L'Algérie est donc par rapport à la France et par rapport aussi à toute autre contrée civilisée dans une situation d'infériorité flagrante qui la rive au marché métropolitain, à son grand dommage parce qu'entre autres défauts il a celui d'être trop restreint, comme aussi on ne doit pas l'oublier au dommage toujours grandissant de la France dont en dépit de toutes les mesures insidieuses de protection elle a une tendance fatale à avilir la production.

CHAPITRE V

Le Régime des Transports

La relation du régime des transports avec celui de l'importation et de l'exportation. — Généralités sur les transports. — Leur importance particulière dans les pays neufs. — Les lois de navigation en Algérie. — Ces lois étaient destinées à protéger le commerce des ports et l'industrie de l'armement, comme les tarifs d'importation devaient protéger la production nationale. — Suppression des lois de navigation sous l'Empire. — Heureux résultats de ce nouveau régime de liberté. — Le rétablissement des lois de navigation et le monopole des transports entre la France et l'Algérie réservé à la marine française. — Abaissement apparent et augmentation réelle du prix du fret. — La surcharge que l'Algérie paie du chef de ses transports maritimes est au moins de 8 millions. — Importance tardive du régime des transports terrestres. — Elle n'a pu commencer à naître qu'après 1870, au moment où l'Algérie est devenue un pays d'exportation. — Insuffisance du réseau des routes nationales et de celui des voies ferrées. — Inaptitude des lignes algériennes à l'exploitation du pays. — L'exagération des frais généraux et leurs causes. — Leur répercussion sur la fixation des tarifs. — La surcharge que paie l'Algérie du chef de ses transports terrestres est de 8 millions et demi.

Dans une étude sur le régime commercial de l'Algérie comme d'ailleurs de toute autre colonie maritime, l'examen du régime des transports a sa place toute marquée après celui du régime des importations et des exportations.

Les transports se divisent, en effet, en transports maritimes et en transports terrestres.

Le régime des transports maritimes est intimement lié à celui des importations. Les métropoles ont autrefois considéré et la France considère encore les colonies, comme de simples débouchés commerciaux. Ces débouchés sont destinés à donner de l'activité à l'industrie et au commerce nationaux, à l'industrie manufacturière comme aux commerce des ports comme à l'industrie de l'armement.

L'une a le monopole du marché colonial, l'autre celui des transactions avec la colonie, la troisième, enfin, celui des voyages.

Aussi les lois de navigation ont-elles toujours servi de complément au régime des importations, et le pacte colonial ne les séparait pas.

De son côté, le régime des transports terrestres a un rapport direct avec le régime de l'exportation.

L'exportation, dans une colonie maritime comme l'Algérie, n'est possible que si les produits peuvent être amenés rapidement et à bon marché à un port d'embarquement ; suivant que les routes ou les chemins de fer sont plus ou moins développés qu'ils pénètreut plus ou moins dans l'intérieur, que les tarifs sont plus ou moins élevés, l'exploitation du pays est plus ou moins intense et l'exportation des produits qu'il fournit plus ou moins active.

D'une façon générale, qu'il s'agisse d'un vieux ou d'un jeune pays, de la voie de mer ou de la voie de terre, de marché intérieur ou de marché extérieur, un système de transport multiple, rapide et économique exerce la plus salutaire influence sur sa prospérité matérielle.

Les agriculteurs et les industriels d'une contrée donnée ne produisent pas en effet simplement pour produire mais bien pour vendre, et, pour vendre suivant des cours déterminés par la loi variable de l'offre et de la demande, et non par le coût fixe de la production. Il ne suffit donc pas, ce qui serait élémentaire, que les frais de transport soient assez bas pour que les utilités créées puissent avec un bénéfice quelconque être menées du point de production au point de consommation, il faut encore qu'ils soient tellement réduits qu'il leur assure une supériorité de bon marché sur les produits similaires dans les centres de consommation. C'est à ce prix seulement que le commerce d'un pays se développe.

L'Angleterre qui connaît ces principes, et qui les applique, a toujours tenu à jouir d'un bon système de transports, elle n'a reculé pour le posséder devant aucune dépense et devant aucun progrès.

C'est elle qui la première en 1825 a eu des chemins de fer à locomotive, c'est elle qui, proportionnellement à son territoire, possède le plus de canaux, qui sont bien les moyens de transport intérieurs les plus économiques.

Elle en a, comme la France, 5,000 kilomètres.

bien que sa superficie (1) soit seulement de 31 millions et demi d'hectares contre 53 que l'on attribue à la France.

C'est encore elle la grande nation maritime qui, au point de vue du commerce extérieur a toujours maintenu son fret à un taux plus bas que les autres nations, se targuant de l'offrir avec un rabais de 10 à 15 p. o/o sur celui de n'importe quelle nation du monde.

Elle est ainsi arrivée à monopoliser le trafic de l'univers, véhiculant chez elle à son plus grand profit les matières premières du globe entier, tirant bénéfice d'une partie en la manufacturant chez elle, tirant encore bénéfice de l'autre en la réexportant après que l'Europe est venue la lui acheter.

Mais en dehors de son utilité générale, applicable à tous les pays, le régime des transports a, dans un pays neuf, une importance particulière, comme le régime des échanges dont il est une simple annexe.

S'il est utile et fructueux que dans un vieux pays le commerce extérieur bénéficie d'une circulation active, cette circulation active n'est pas cependant absolument essentielle — certains pays comme la Chine ne la connaissent même pas — parce que dans une certaine mesure un vieux pays peut vivre chez lui de ses propres ressources.

Mais dans un jeune pays, l'activité du commerce s'impose, parce que ce pays tire du dehors tous les

(1) La *France économique* 1889, page 327, par de Foville.

éléments de son existence au début et dans la suite au moins ses principaux éléments. C'est au dehors qu'il demandera des hommes, c'est au dehors qu'il cherchera des capitaux.

Si les communications sont lentes, si elles sont coûteuses, les relations avec la Métropole et l'étranger deviendront intermittentes, la colonie languira et s'appauvrira, comme un enfant qui ne recevrait pas régulièrement le lait nourricier. Si au contraire, les communications sont rapides, nombreuses et à bon marché, la vie deviendra intense dans le corps du jeune pays où fleurira alors la santé, et son développement social s'accélèrera.

Au point de vue intérieur, la nécessité d'un bon régime de transports, c'est-à-dire d'une abondante accélérée et économique circulation matérielle, n'est pas moindre, quand ce pays, comme c'est le cas pour l'Algérie, atteint l'âge adulte, qu'il commence à exporter et que surtout il exporte des produits de peu de valeur, destinés à lutter sur les marchés européens contre les produits similaires d'anciennes contrées outillées depuis des siècles.

Les nouveaux pays, une fois les premières difficultés du début surmontées, consentent à de grands sacrifices et même n'hésitent pas à engager leur avenir pour creuser des ports, établir des chemins de fer qu'ils poussent toujours plus avant dans leur *Hinterland*, devançant la création des centres, se disant que partout où une route sera construite, un homme viendra et une marchandise pourra se vendre.

Dans la colonie du Cap, la plus grande partie de

la dette provient des chemins de fer et des ports, ils rentrent pour une dépense de 17 millions de livres sterling sur les 26 millions de livres dont se compose la dette publique.

L'Algérie, qui n'a jamais eu un bon régime d'échange, n'a jamais eu non plus, et pour les mêmes raisons, un bon régime de transports.

C'est ce qu'il nous sera facile de faire ressortir d'une étude sommaire de ses transports maritimes et de ses transports terrestres.

La question des transports maritimes est née, on peut le dire, avec la conquête de l'Algérie elle-même.

Quant les Français ont débarqué en Afrique, les routes manquaient dans l'intérieur. La Régence de 1830 était, pour la viabilité, dans la même situation que le Maroc aujourd'hui.

Quand à la voie de mer, elle était parcourue par des bateaux de petit tonnage qui entretenaient entre les divers ports et quelquefois avec l'Europe un semblant de relations commerciales.

C'est de la voie de mer, que nous tenions seule au début, et qui était de beaucoup la plus facile, dont nous nous sommes servis d'abord pour ravitailler le corps d'occupation, et c'est le régime de navigation à appliquer à la nouvelle conquête que l'on a tout d'abord examiné.

La réponse que nous connaissons déjà, ne pouvait pas être douteuse.

Avec le système mercantile que l'on pratiquait alors, il allait de soi que du moment que les colonies étaient fondées pour la satisfaction de l'industrie et le développement du commerce de la Métropole, l'industrie maritime de la Métropole, devait monopoliser le service de la navigation.

On disait pour justifier le monopole maritime :

La navigation française est plus coûteuse que la navigation étrangère ; d'abord des droits élevés assurent aux propriétaires de forges, de mines et de forêts, une sorte de monopole sur les matières premières employées dans la construction navale (le fer à lui seul rentrait à cette époque déjà pour 1/5 dans la dépense totale) et augmentent ainsi le prix du navire, ensuite les marins français sont mieux nourris et mieux rétribués que les marins étrangers ce qui impose à l'armement une forte dépense. Enfin, il y a un intérêt politique à encourager la marine marchande qui est la pépinière de la marine de l'Etat.

La commission d'Afrique de 1833 concluait qu'il fallait :

« Réserver aux navires nationaux le transport des marchandises entre la France et Alger et n'admettre les navires étrangers que pour le transport des produits des Etats auxquels ils appartenaient. Cette mesure donnera, disait-elle, une plus grande activité, en France, au commerce d'armement, offrira par conséquent, le moyen d'augmenter la population maritime et de multiplier le travail dans les chantiers de construction. La conséquence naturelle de la disposition qui réserve aux nationaux le bénéfice des transports entre la France et Alger, doit être de leur assurer aussi le cabotage d'un port de la Régence à l'autre. Cette condition est indispensable, nos navires trouvant difficilement des chargements de retour, car longtemps on le conçoit, les exportations seront inférieures aux importations nécessitées par les besoins des habitants et de l'armée. C'est dans les voyages intermédiaires sur les différents ports de la côte que nos armateurs trouveront un dédommagement à cette obligation onéreuse de faire revenir leurs navires sur lest » (1).

Ce programme fut réalisé, sauf en ce qui concerne le cabotage, par les ordonnances douanières rendues sous le gouvernement de Louis-Philippe, notamment par celle du 16 décembre 1843 qui porte dans son article 1er :

« Les transports entre la France et l'Algérie ne pourront s'effectuer que par navires français sauf le cas d'urgence et de nécessité absolue pour un service public. »

Et dans son article 2 :

« Le cabotage d'un port à un autre de l'Algérie pourra s'effectuer par navires français et par sandales algériennes et, jusqu'à ce qu'il en soit autrement ordonné, par navires étrangers. »

L'amiral Rigault de Grenouilly, dans son rapport à l'Empereur sur le décret du 16 octobre 1867 nous donne la raison du tempérament apporté en ce qui touche le cabotage, au programme de la Commission d'Afrique.

---

(1) Procès-verbaux et rapports de la Commission d'Afrique, page 517.

« Au début de la colonisation française en Algérie, dit-il, la législation a dû faire exception, en faveur du cabotage algérien, aux conditions imposées en France au commerce maritime, en ce qui concerne la nationalité des propriétaires, des capitaines et des équipages L'Administration avait vainement fait appel aux marins français pour créer le cabotage nécessaire aux transports des denrées importées de France à Alger et qui devaient être réparties dans les autres ports de la colonie. »

Aujourd'hui encore le Gouverneur général de l'Algérie conserve, en vertu de l'article 6 de la loi du 19 mai 1886, le droit d'autoriser les navires étrangers à faire le cabotage entre les ports algériens.

Cette protection de la marine marchande de la Métropole avait été renforcée par l'établissement de taxes spéciales frappant les navires étrangers.

C'étaient le droit de tonnage, les taxes différentielles d'entrepôt, les surtaxes de pavillons.

Les navires étrangers rentrant dans un port algérien devaient acquitter un droit de 4 francs par tonneau de jauge. Ce droit pesait lourdement sur les marchandises transportées des pays qui avoisinent immédiatement l'Algérie, comme l'Espagne et l'Italie, où le fret variait entre 8 et 16 francs la tonne.

Ainsi encore le café provenant des entrepôts de France ne payait, à l'importation en Algérie, que 12 francs les 100 kilogrammes ; si au lieu de venir de l'entrepôt français, il arrivait directement à

Alger ou Oran du pays même de provenance par navires français, il payait 15 francs ; s'il arrivait du pays de provenance par navires étrangers, il payait 16 fr. 50. De même pour le tabac et les sucres bruts.

Ce régime de navigation si restrictif fut modifié dans un sens libéral comme celui des importations et des exportations sous l'Empire.

Une loi du 19 mai 1866 fit cesser la perception du droit de 4 francs par tonneau, et bientôt celle des surtaxes de navigation. Enfin elle autorisa les transports entre la France et l'Algérie sous tous pavilons.

Cette loi de 1866 était la conclusion pratique donnée à une grande enquête faite dans la colonie par les soins de M. le sénateur Forcade de la Roquette sur le commerce et la navigation.

Il était résulté de cette enquête la claire démonstration que l'unique effet du privilège accordé aux navires français pour la navigation entre l'Algérie et la France avait été d'augmenter le prix des transports en écartant la concurrence étrangère ; que l'établissement d'un droit de tonnage surtout aussi disproportionné, puisqu'il équivalait à 25, 40, 50 p. 0/0 du fret, exagérait encore indirectement la portée du monopole accordé au pavillon français ; que de plus il rendait impossibles les relations de l'Algérie avec les nations étrangères, avec l'Angleterre surtout que l'on considérait à ce moment à juste titre comme pouvant devenir à cause de son extraordinaire pouvoir de consommation de matières premières et de denrées agricoles, une des meilleures clientes de l'Algérie (1) ; que les surtaxes différentielles d'entrepôt et de pavillon étaient également autant d'entraves à la libre entrée des navires, et par conséquent à la libre exportation des produits ; que le but à atteindre était d'appeler et non pas d'écarter la coucurrence étrangère en Afrique, comme de chercher par tous les moyens à faire du port d'Alger « un port de relâche ouvert à tous les bâtiments qui traverseront le détroit de Gibraltar pour se rendre en Egypte, en Grèce ou en Orient » (2).

Ce régime libéral donna dans la pratique les bons résultats que la théorie en faisait attendre.

Les relations maritimes purent se développer, la meilleure part en revenant à la France qui se trouvait être ainsi la première à bénéficier de l'accroissement de trafic qu'il avait procuré.

Si on examine les résultats que donnait un pareil régime dans les dernières années où il fut en vigueur — car il survécut à l'Empire et il n'a disparu que depuis peu, emporté par la tourmente protectionniste — on voit qu'en 1878 le mouvement maritime à l'entrée consistait en 4,046 navires, jaugeant 1,354,800 tonneaux. Dans ce tonnage,

(1) J'arrive, avait dit un déposant M. Stuckley, à la navigation à vapeur dont nous avons tant d'intérêt à attirer les navires, nous n'avons aucune communication par vapeur ni avec l'Espagne, qui est notre plus proche voisine, ni avec l'Italie et encore moins avec l'Angleterre et l'Orient. Quel est donc le motif ? C'est le droit de tonnage. (L'Enquête sur le commerce et la navigation de l'Algérie, page 70).

(2) Enquête sur le commerce et la navigation de l'Algérie, rapport de M. Forcade de la Roquette, page 20.

les provenances de la France étaient comprises pour 840,961 tonneaux et celles de l'étranger pour 513,922, la France prenait donc 62 o/o du tonnage total.

Dix ans plus tard, en 1887, le mouvement de la navigation à l'entrée était représenté par 4,760 navires, jaugeant ensemble 2,465,916 tonneaux, sur lesquels 2,231 navires français, jaugeant 1,492,539 tonneaux. La France prenait donc encore une part sensiblement égale dans le tonnage général, soit 60 p. o/o. Encore doit-on observer que le tonnage étranger, représenté presque tout entier par le tonnage anglais qui prenait à lui seul 28 p. o/o, s'était enflé sans dommage pour l'industrie nationale.

Il était entré tout simplement dans le port d'Alger une quantité de plus en plus considérable de relâcheurs britanniques n'apportant aucun produit et venant seulement s'approvisionner, en passant, d'eau et de charbon.

Mais la situation privilégiée laissée en somme, nonobstant les décrets de l'Empire, à la marine nationale, ne lui a pas paru suffisante.

Les armateurs se sont dit que du moment que la théorie mercantile des XVIIe et XVIIIe siècles reprenait une nouvelle force et que le monopole du marché intérieur de l'Algérie était réservé aux manufacturiers de France, il coulait de source que le monopole de la navigation devait leur être entièrement concédé à eux.

La protection appelle la protection ; comme au temps de Louis XV et comme en 1830, les ports de commerce qui ont toujours plus ou moins vécu des colonies la demandaient avec insistance, et le Parlement songea d'autant moins à la leur refuser que l'Algérie était seule destinée à en faire les frais.

De là, la loi du 2 avril 1889 qui, revenant aux dispositions archaïques de l'ordonnance du 16 décembre 1843, a aboli la loi du 19 mai 1866 et réservé au pavillon national le monopole de la navigation entre la France et l'Algérie.

« La présente loi porte l'exposé des motifs, a pour but d'assimiler au cabotage (qui en France est réservé au pavillon national) et de réserver, par conséquent, au pavillon national la navigation entre la France et l'Algérie qui peut actuellement, en vertu de l'article 9 de la loi du 19 mai 1866, s'exercer par tout pavillon... Cette réforme est réclamée par les Chambres de commerce des ports *comme l'utile complément de la loi du 29 décembre 1884* qui a rendu applicable à l'Algérie le tarif général des douanes de la Métropole. »

Ce n'est pas seulement une partie des lois de navigation qu'avait renversées l'Empire, mais l'ensemble de ces lois légèrement transformées qui a été remis en vigueur.

Les surtaxes d'entrepôt ont reparu. Suivant qu'une marchandise est importée directement du pays d'origine ou des entrepôts d'Europe, elle est taxée d'une façon différente, quelquefois du simple au double et plus, 3 francs et 6 fr. 60 par exemple pour les farineux alimentaires, tels que l'avoine, l'orge, le seigle et le maïs.

On a pensé trouver dans ces surtaxes un moyen d'encourager la grande navigation et de l'inciter aux longs voyages.

Le droit de tonnage a été remplacé par le droit de quai qui est perçu à raison de 0 fr. 50 et 1 franc par tonne de marchandise ou par passager débarqué ou embarqué, suivant que le navire vient d'Europe ou d'un pays hors d'Europe.

Il y a aussi les droits sanitaires, sortes de droits fixes perçus sur la totalité de la jauge nette du navire sur le pied de 0 fr. 10 ou de 0 fr. 15 pour chaque opération commerciale, suivant que le navire vient d'Europe ou hors d'Europe. Grâce à ces derniers droits les producteurs algériens sont dans l'impossibilité d'envoyer à titre d'échantillon une ou deux bordelaises de vin par exemple à l'étranger, parce que pour embarquer cette pièce de vin, un navire d'une jauge nette de 2,000 tonneaux venant des Indes, doit payer 0 fr. 15 sur la totalité de sa jauge nette, soit 300 francs pour une marchandise d'une valeur commerciale de 40 ou de 80 francs !

Les fâcheux résultats de cet ensemble de mesures protectionnistes ne se sont guère fait attendre.

L'Algérie a reculé de 40 ans en arrière. Les relations commerciales qui commenceraient à naître au plus grand profit de la colonie et de la France elle-même qui devrait avoir la sagesse de faciliter à l'Algérie l'exportation d'une partie de ses produits à l'étranger, se sont rompues entre l'Algérie, l'Angleterre et les pays du Nord. La colonie retourne à cet isolement économique, d'où M. le sénateur Forcade de la Roquette, dont la clairvoyance est mise en relief par les mécomptes d'aujourd'hui, avait constaté tous les inconvénients et conseillait de la tirer en 1860.

Le tonnage des navires de la nation étrangère avec laquelle l'Algérie a le plus d'intérêt à commercer — nous avons nommé l'Angleterre — parce que cette nation étant la plus riche, les transactions sont chez elle plus nombreuses, que les prix s'y trouvent dès lors les mieux assis, que l'expéditeur n'y est donc pas exposé aux surprises et qu'on nous passe l'expression, aux coups de fusil qu'il reçoit sur les petits marchés, a diminué dans des proportions alarmantes, ainsi qu'il ressort du tableau suivant :

1891	1892	1893
820.271 t.	682.381 t.	578.196

La décroissance de 1892 sur 1891 est donc de 157,960 tonneaux et celle de 1893 sur 1891 de 242,075 tonneaux, soit 29 p. 0/0.

Nous avons écrit que le but avéré de cette ensemble de mesures protectionnistes concernant la navigation, dont la loi du 2 avril 1889 forme la disposition principale, a été de faire hausser le prix du fret, en écartant la concurrence des navires étrangers. Ce résultat a-t-il été atteint ?

« Tous les jours, avaient dit les Compagnies du Nord de la France — car la concurrence se faisait sentir, non pas sur la ligne de la Méditerranée, mais sur la voie de l'Océan qui est commune à la

France et aux pays du Nord — les navires anglais, après avoir porté du charbon à Alger, rapportent au Havre et à Dunkerque des laines et des grains à vil prix, le charbon leur assurant une moyenne en travers que nous n'avons pas. »

Les Chambres de commerce d'Algérie leur avaient répondu :

« Il est certain que la plus grande partie des transports entre la France et l'Algérie se fait aujourd'hui par les vapeurs français. Ce n'est que rarement que le pavillon étranger (italien ou grec) transporte des houilles, des matériaux ou des marchandises encombrantes ou dangereuses que les vapeurs repoussent, mais nous sommes convaincus que les frets sont maintenus à un niveau raisonnable, par cette faculté laissée aux étrangers de prendre part à l'intercourse » (1).

Ces expériences et ces craintes ont-elles été justifiées ?

Si on s'en tenait aux simples apparences, il semblerait que les espérances conçues par les Compagnies du Nord étaient vaines, et que les craintes manifestées par les Chambres de commerce d'Algérie n'avaient pas de fondements.

En effet depuis 1889 le taux du fret sur les lignes du Nord a constamment baissé, ainsi qu'il appert du tableau suivant que nous devons à l'obligeance d'un des plus estimés négociants de notre place, M. Delacroix.

---

(1) Exposé des travaux de la Chambre de commerce d'Alger, année 1886, pages 23 et suivantes.

	Vins Bordeaux	Vins Havre-Rouen	Céréales Bordeaux	Céréales Havre-Rouen
1889	25	27	13	13
1890	25	27	13	13
1891	25	26	13	13
1892	23	24	11	12
1893	22	21	11	12
1894	20	20	10	11
1895	16 à 18	18	10	11

Mais ces chiffres ne comportent pas la conclusion qu'ils semblent présenter.

La baisse du fret, depuis un certain nombre d'années est un phénomène d'ordre absolument général. Elle tient à une infinité de causes, telles que la multiplicité des navires, leur meilleur aménagement, la réduction de leurs frais généraux, etc. Les mesures de protection qui ont été prises étaient trop particulières pour qu'elles pussent transformer une baisse universelle en une hausse locale ; elles en ont cependant ralenti l'accélération et l'intensité.

Quotidiennement des navires anglais viennent apporter du charbon à Alger et se dirigent ensuite sur lest, jusque dans les provinces du Danube pour y charger des céréales à 13 francs la tonne à destination de l'Angleterre.

S'ils pouvaient à Alger charger des céréales pour un port de la France, ils économiseraient l'aller et le retour de la Mer Noire, soit 20 jours de voyage, dont 10 sans rémunération, sans compter les droits à payer à l'entrée des ports russes. Ils pourraient donc réaliser une économie très notable qui, de l'avis de gens compétents, leur permettrait de ne demander que la moitié du fret obtenu à Odessa, soit 7 francs au maximum.

L'exclusion du pavillon étranger de l'intercourse a donc bien eu pour effet de maintenir le fret à un taux anormal, il constitue, ainsi qu'on en peut juger, une surtaxe qui pèse sur l'Algérie.

Si on prend pour base la différence de fret que pourraient consentir pour les céréales les navires anglais entre le Havre et Alger, soit 4 fr. la tonne et si on la multiplie par les 2,197,611 tonnes de marchandises qui, en 1893, ont été transportées d'Algérie en France où en sont venues, cela porte cette surtaxe à la somme de 8 millions environ, lesquels viennent s'ajouter aux 40 millions que l'Algérie paie aux industriels français et *même anglais,* sans compter les droits versés au Trésor du chef de ses importations.

Il n'est pas enfin inutile de faire remarquer que ces droits de navigation, destinés a enrichir quelques particuliers en nous ruinant, rapportent également 169,500 francs à l'Etat !

Mais arrivons aux transports terrestres.

Si l'importance des transports maritimes a existé dès la conquête, parce que dès 1830 la Régence isolée du monde musulman et déchirée par la guerre était incapable de fournir soit au corps d'occupation, soit aux immigrants des objets d'alimentation en quantité suffisante et parce qu'il fallait à peu près tout demander à l'importation maritime, l'importance des transports terrestres, des voies ferrées surtout, est de beaucoup postérieure, elle n'a pu naître que lorsque l'Algérie complètement pacifiée, et colonisée en partie, a commencé à devenir un pays d'exportation.

Ce n'est pas que dès le début on ne se soit pas occupé de la viabilité, il a fallu construire des routes stratégiques pour assurer les communications de l'armée, et quand la colonisation a pris quelque force, il a été nécessaire de pourvoir à la circulation des produits. Mais on s'est borné d'abord à satisfaire les besoins immédiats des centres que l'on créait.

On essaimait autour des villes existantes de chaque province un groupe de villages qui en formait la banlieue agricole. Ces groupes étaient reliés par des routes à la Cité-Mère, laquelle à son tour était rattachée à la capitale de la province. Quant aux provinces elles n'avaient guère de communications entre elles par la voie de terre. Ce n'est qu'à la fin de l'Empire qu'une route nationale mit en communication Alger avec Oran.

Le réseau des voies de communication était donc rudimentaire. L'importance réelle des transports terrestres date de l'établissement des voies ferrées et ces lignes n'ont guère pris naissance qu'en 1870, grâce à une série de circonstances heureuses dont bénéficia l'Algérie : l'agrandissement du domaine de l'Etat à la suite du séquestre mis sur les biens des insurgés indigènes, l'immigration française en hommes et en capitaux, enfin, par dessus tout peut-être, il faut bien le dire, l'inattention du Parlement qui, complètement absorbé par la discussion et le vote des lois organiques des divers services publics et des lois constitutionnelles, n'avait pas encore eu le temps d'inaugurer cette politique *boutiquière*, pour employer l'expression dont se servait déjà au siècle dernier Adam Smith vis-à-vis du Parlement anglais, dont nous souffrons tant aujourd'hui.

L'Assemblée nationale et plus tard les Chambres se laissaient docilement diriger quand il s'agissait de l'Algérie par le Chef du Pouvoir exécutif auquel le souci de sa responsabilité et l'habitude qu'il a de s'inspirer de l'intérêt général donnent, quand on laisse son action libre, une incontestable clairvoyance.

L'Algérie, dont on songeait à cette époque à faire la seconde France rêvée par Prévost-Paradol, fut dotée d'un plan systématique de chemins de fer d'intérêt général et de routes nationales jugés indispensables à la mise en valeur d'un pays que l'on était alors décidé à coloniser.

On y avait déjà songé sous l'Empire. Un décret du 8 avril 1857, portait qu'il serait créé un réseau de chemins de fer, embrassant les trois provinces; que ce réseau se composerait d'une ligne parallèle à la mer, à laquelle viendraient se souder des lignes perpendiculaires partant des ports principaux.

Mais le décret de 1857 n'avait reçu un commencement d'exécution qu'en ce qui concerne la ligne Alger - Oran et Constantine - Philippeville, lorsqu'éclata la révolution de 1870. En 1871, le département d'Oran usant d'une initiative à laquelle le département d'Alger se décide un peu tard, à son tour, au moment où nous écrivons, avait créé la ligne de Ste-Barbe-du-Tlélat à Bel-Abbès. En 1879, une loi du 18 juillet, reprenant la question du réseau d'intérêt général algérien, classa dans ce réseau vingt lignes, et lui incorpora les lignes précédemment concédées à titre d'intérêt local. A la même époque, une autre loi du 29 mars 1879, élevait de 5 à 10 le nombre des routes nationales.

On peut bien dire, que tels qu'ils étaient conçus, le réseau des chemins de fer d'intérêt général et celui des routes nationales, quelque ampleur qu'on eût prétendu lui donner, était encore très incomplet. Par exemple, les 10 routes nationales projetées devaient présenter un développement de 3,000 kilomètres environ. C'était là un chiffre bien modique, pour un pays qui dans une de ses parties seulement, dans le Tell, compte de 14 à 15 millions d'hectares. En 1888, la France comptait 38,000 kilomètres de routes nationales (1), pour une superficie de 53 millions d'hectares. Si l'Algérie avait été traitée sur un pied d'égalité, elle eût dû posséder 11,000 kilomètres de routes nationales, rien que pour le Tell.

Par exemple encore, le réseau de chemin de fer ne prévoyait pas une seule ligne de pénétration.

Mais tout insuffisants qu'ils fussent, ces réseaux n'ont même pas été achevés. Un certain nombre de lignes ferrées d'intérêt général ne sont pas encore exécutées, ce ne sont pas les moins importan-

(1) *La France économique* par A. de Foville, page 206.

tes, comme celle de Sebdou à la frontière du Maroc qui pourrait être considérée comme la tête de ligne des futurs chemins de fer marocains.

On parle, il est vrai, de lignes de pénétration, mais elles sont toutes à l'état de projet. Le Transsaharien paraît définitivement abandonné, ayant perdu beaucoup de sa raison d'être, paraît-il, depuis que nous avons laissé l'Angleterre, s'emparer de la plus riche partie du Soudan. La ligne de Biskra-Ouargla qui doit traverser ou passer à proximité des régions les plus cultivées de notre Sahara algérien : l'Oued-Rir, le Souf, le Mzab est encore à l'étude. De son côté, le réseau des routes nationales se poursuit péniblement. Cette année-ci, encore, le Parlement a biffé 100,000 francs sur les crédits destinés à la route de Laghouat.

Bref, si les départements ne se mettaient pas à l'œuvre et ne suppléaient point à l'inertie calculée de l'Etat, il y aurait un arrêt à peu près complet dans le développement de la viabilité algérienne.

C'est que les dispositions de la Mère-Patrie se sont singulièrement transformées dans ces dernières années. On songe aujourd'hui à tirer des revenus de l'Algérie et non pas à lui accorder des subsides.

Cette parcimonie, si préjudiciable à l'Algérie, est bien injuste.

Nous accepterions volontiers des réductions sur notre superflu et même sur notre nécessaire, si ces sacrifices découlaient d'un plan général d'économie à appliquer à toutes les parties du territoire français. Mais on s'aperçoit vite, pour peu qu'on ouvre les yeux, qu'il ne s'agit pas, quand on rogne les crédits de nos voies ferrées, d'équilibrer les charges budgétaires. Rien n'est plus démonstratif, pour faire ressortir les intentions du Parlement, que de rapprocher sa parcimonie vis-à-vis des départements algériens, comme on les appelle volontiers dans la langue gouvernementale, quand il s'agit d'imposer quelques charges nouvelles, du gaspillage effréné dont il fait preuve vis-à-vis des départements français.

« Nos budgets, écrit M. Leroy-Beaulieu, un économiste que nous avons eu souvent l'occasion de citer parce qu'il fait autorité en matière coloniale et financière, sont en déficit de 150 à 200 millions par an, pour qui sait bien compter, on va demander de nouveaux impôts aux contribuables, et l'on dépense des sommes allant de 400,000 à 600,000 francs par kilomètre pour faire grimper des chemins de fer dans des villages perdus au milieu de la neige et des rochers !... » (1)

Mais le réseau des chemins de fer algériens tout incomplet qu'il est, et bien qu'on se refuse à l'étendre davantage, rend-il au moins les services que la colonie serait en droit d'en attendre ?

Dans un pays qui ne possède aucune rivière navigable où flottable ni un kilomètre de canaux, draine-t-il économiquement les produits des régions qu'il traverse pour les amener au port

(1) *Economiste* du 6 avril 1895.

d'embarquement, permet-il une bonne exploitation et une exportation facile ?

Dans ces dernières années les différents rapporteurs du budget de l'Algérie, effrayés par la progression toujours croissante de la garantie d'intérêt et préoccupés de l'impossibilité dans laquelle va se trouver l'Etat de récupérer ses avances, car il n'est guère présumable que les compagnies soient jamais en mesure de lui rembourser une dette qui en 1892 s'élevait à 200 millions et s'augmente chaque année en capital seulement de 20 millions, se sont livrés à une étude et à une critique attentives des conditions d'existence et d'exploitation des tramways algériens.

Ils ont été ainsi conduits à constater que les Compagnies sont trop nombreuses, que leur réseau est mal circonscrit.

Il y a cinq Compagnies : le P.-L.-M. algérien, le Bône-Guelma, l'Est-Algérien, le Franco-Algérien, l'Ouest-Algérien. Aucune, sauf le Bône-Guelma, ne possède un réseau homogène. La Compagnie de l'Ouest, par exemple, qui pourrait tout aussi bien être appelée la Compagnie du Centre, possède dans le département d'Oran le tronçon Ste-Barbe-du-Tlélat à Tlemcen, etc., et dans le département d'Alger le tronçon Berrouaghia, lesquels sont séparés l'un de l'autre par la ligne d'Alger à Oran appartenant au Paris-Lyon-Méditerranée.

Cette pluralité de Compagnies et cet enchevêtrement de lignes ont eu pour inévitable résultat d'accroître les charges de l'exploitation à cause de la briéveté des parcours, de la fréquence des manipulations et de la multiplication des frais généraux :

« Les frais d'administration des Compagnies algériennes, écrit M. Boisserin (1), s'élèvent à 2,273,000 francs. Sur un total de recettes qui est moindre d'un tiers à peine, l'Etat, qui n'a pas la réputation de faire des économies, ne dépense que 1,561,000 francs en frais d'administration et pourtant les populations que son réseau dessert disposent d'un train par 2 fr. 88 de recettes kilométriques, tandis qu'il n'y en a en Algérie qu'un par 5 fr. 05 de la même recette.

Il ne doit pas être impossible, sans doute, de réduire les frais d'administration, mais la réduction ne sera pas sensible, tant qu'il y aura, comme aujourd'hui, 5 centralisations. »

C'est que si le réseau algérien a été conçu d'après un plan plus ou moins logique, ce plan paraît avoir été perdu de vue dans l'exécution.

Les lignes ont été décidées à l'aventure, les camaraderies parlementaires, bien plus que les convenances régionales semblent en avoir déterminé la priorité. Il est remarquable que dans les départements algériens, ce sont, en général, ceux dont les représentants passaient pour les plus influents, qui sont les mieux lotis au point de vue du nombre des kilomètres en exploitation.

Quoiqu'il en soit, l'exagération des charges financières de l'exploitation et aussi, on peut le noter en

---

(1) Budget général de l'exercice 1895 (service de l'Algérie, page 153).

passant, l'exagération dans les dépenses de construction et la distribution, parfois défectueuse, du réseau général ont une répercussion directe sur les tarifs qu'ils ont exagéré.

En 1892, M. Burdeau remarquait que le réseau de la colonie faisait payer en moyenne 31 p. o/o de plus aux voyageurs et 104 p. o/o de plus aux marchandises par kilomètre parcouru. Il aurait dû également dire qu'en Afrique, les kilomètres se parcourent avec une lenteur désespérante. La vitesse des trains, sauf de ceux du P.-L.-M., ne dépasse pas 22 à 26 et 27 kilomètres à l'heure, alors qu'en France elle en atteint aisément 60.

Mais à considérer seulement le tarif des marchandises, nous avons repris, comme on va le voir, les calculs de M. Burdeau pour un certain nombre d'articles et nos chiffres qui, d'ailleurs ne sont que partiels, concordent à peu près avec les siens.

Prix de transport comparés par tonne de quelques marchandises par wagon complet (5,000 k.) en prenant comme base la distance d'Orléansville à Alger, soit 209 kilomètres.

	P. L. M. français	P. L. M. algérien	Bône-Guelma	Est-Algérien	Franco-Algérien	Ouest-Algérien
1re CATÉGORIE						
Matériaux de constructions (pierres de taille, marbres, pavés, plâtre, sables, etc.) .	7 15	10 »	10 50	20 90	16 50	13 05
2e CATÉGORIE						
Céréales, farines, graines, etc.	9 70	16 30	20 90	20 90	23 »	18 72
3e CATÉGORIE						
Combustibles minéraux (houille, coke, anthracite, tourbe). .	8 70	16 30	20 90	16 72	16 50	15 55

A ces prix il faut ajouter le droit fixe de gare et de timbre et les chargements et déchargements ; ces prix se trouvent donc tous majorés de 1 fr. 50 par tonne environ pour la France comme pour l'Algérie.

Si l'on compare les prix des cinq grandes Compagnies algériennes avec ceux du P.-L.-M. français, on constate les majorations suivantes :

1re catégorie de marchandises			100 p. o/o.
2e	—	—	105 p. o/o.
3e	—	—	98 p. o/o.

Mais ces chiffres ne sont que des moyennes.

En général, comme l'indique le tableau ci-dessus, les prix de transport des diverses Compagnies ne concordent pas. Certaines d'entre elles ont une tarification particulièrement élevée, c'est le cas de la Compagnie de l'Ouest qui parcourt cependant une des parties les plus riches et les plus productives du Tell : la Kabylie, les fertiles plaines de Sétif, etc. Même si l'on s'en fie aux observations présentées à la Chambre de commerce d'Alger, par un de ses membres, M. Clairin, à une époque encore récente, il faut convenir que nous aurions eu la main singulièrement bienveillante en choisissant les articles et les chiffres qui la concernent.

Les prix varieraient pour les principaux produits « du triple au décuple du tarif en l'usage sur les chemins de France et d'autres contrées en exploitation » (1).

On comprend ainsi la réflexion découragée qui échappait au même membre, peu d'années auparavant :

« Nous ne croyons pas, écrivait-il, que le réseau

---

(1) Exposé des travaux de la Chambre de commerce d'Alger, années 1890-1891, page 169.

de l'Est-Algérien, dans les conditions où il fonctionne et où il est exploité, ait produit une amélioration sensible, sur l'ancien état de choses » (1).

On peut donc dire, sans pouvoir être taxé d'exagération pessimiste, que à cause de la défectuosité de son régime de transport, l'exploitation du sol de l'Algérie en est encore à l'état de simple tentative. Les chemins de fer ne peuvent utilement remplir leur office à l'intérieur ; ils ne peuvent guère rendre de services que sur le littoral, dans la zone restreinte qui entoure immédiatement les ports d'embarquement. Et encore ces services coûtent-ils beaucoup trop cher.

Comment, dès lors, s'étonner que nos nombreuses carrières demeurent encore fermées, alors qu'il est plus économique, par exemple, étant donné que les matières premières sont souvent affranchies de droits de douane, de faire venir du plâtre de Valence (Espagne), que d'aller le chercher tout près aux Issers (département d'Alger) ; que nos forêts demeurent à l'état vierge et que l'Algérie reçoive annuellement pour 3 millions de madriers et de planches, alors que ses arbres meurent de vieillesse ; que sur 51 mines de toutes sortes qui étaient concédées au 31 décembre 1893, fer, cuivre, plomb, mercure, zinc, etc., 14 seulement soient exploitées (2).

Ce qui est encore bien significatif, c'est que

(1) Exposé des travaux de la Chambre de commerce d'Alger, année 1887, page 56.

(2) Statistique générale de l'Algérie, années 1891-1893, pages 239 et 240.

lorsque certaines marchandises, soit à cause de la proximité des lieux de production, soit à cause de leur richesse relative, ont pu atteindre les ports d'embarquement et même être dirigés sur France et y être débarqués, il n'est pas toujours certain qu'elles trouvent sur le sol de la Métropole un traitement égal à celui accordé aux produits similaires de la France et même de l'étranger.

Les comptes rendus des travaux de nos Chambres de commerce contiennent de longues récriminations à ce sujet. Quand on lit ceux de la Chambre de commerce d'Alger, on voit sans remonter bien haut, que cette assemblée commerciale, en 1893, a examiné et critiqué un tarif exceptionnel, soumis à l'homologation ministérielle, en vertu duquel un prix réduit de transport était accordé aux oranges, dirigées de Cette au Tréport et à Dunkerque, alors qu'il n'était point consenti aux mêmes fruits prenant la voie de Marseille. Elle faisait observer que c'était en réalité favoriser les oranges espagnoles au détriment des oranges algériennes, parce que les premières prennent la voie de Cette et les secondes la voie de Marseille.

Nous ignorons ce qu'il est advenu des doléances de nos élus consulaires ; si les choses se sont passées comme d'ordinaire, nous ne pensons pas qu'elles aient dû être accueillies. Il semblerait que les tarifs exceptionnels ne sont pas faits pour l'Algérie. Dans le pays même on semble les ignorer. Ils sont nombreux cependant en France pour certaines marchandises et certains parcours. Ainsi les blés, les farines, les avoines, payent, de Marseille à Paris, 28 francs la tonne pour une distance de 846 kilomètres.

. . . .

Mais nous croyons en avoir assez dit sur l'insuffisance des transports terrestres en Algérie, sur les entraves qu'ils mettent à l'exploitation du pays et, par conséquent, à l'exportation de ses produits. Bornons-nous maintenant pour conclure, à nous demander, comme nous l'avons fait précédemment pour les importations et pour les transports maritimes, quelle est l'importance de la surcharge qui pèse directement sur l'Algérie en négligeant la mesure des dommages indirects, du chef de ses transports terrestres.

Pour y parvenir, nous allons emprunter à un de nos distingués publicistes, M. Marchal, un procédé de mensuration qu'il a récemment indiqué.

Il remarque (1) que, d'après les documents publiés par le Ministère des Travaux publics, la recette totale des chemins de fer algériens, en 1887, dépassait 19 millions et demi, se partageant en 8 millions un quart pour la grande vitessse (voyageurs et accessoires) et 11 millions un quart pour la petite vitesse (marchandises). Appliquant les données de M. Burdeau, sur la majoration du prix des transports de marchandises (104 p. 0/0) et du prix du transport des voyageurs (30 p. 0/0), il déduit ce qu'une pareille recette aurait donné avec le tarif métropolitain et la différence qu'il obtient

(1) Aperçu de quelques questions algériennes, page 48.

entre les deux tarifs, représente la surtaxe que supporte l'Algérie.

Si on applique ce mode de calculer à l'année 1893 et si l'on suppose, ce qui n'est pas invraisemblable, que la proportion entre le trafic des marchandises et le mouvement des voyageurs est à peu près resté le même, on arrive aux résultats suivants :

Les recettes totales des chemins de fer algériens ont donné 21,564,923 francs (1) qui se partageraient en 9,124,000 francs pour la grande vitesse et 12,441,000 francs pour la petite vitesse. Avec le tarif français, la petite vitesse eût donné 6,098,000 francs seulement et la grande vitesse 7,019,000 francs.

Il y a là une différence de 8,448,000 francs qui constitue la surcharge que l'Algérie supporte du chef de ses transports terrestres. Si on l'ajoute aux 40 millions payés du chef des importations et aux 8 millions payés pour les transports maritimes on arrive à un chiffre définitif de 56 millions et demi pour la surtaxe totale imposée à l'Algérie par son régime commercial. Un joli denier pour un pays que l'on s'obstine à présenter comme particulièrement favo risé au point de vue des charges.

(1) Stastistique générale de l'Algérie, page 237, années 1891-1894.

CHAPITRE VI

—

L'Algérie libre

—

Résumé des chapitres précédents. — La preuve est faite que la ruine de l'Algérie est surtout due aux vices de son régime commercial. — Comment remédier à la situation : une page de l'histoire coloniale de l'Angleterre. — Tableau actuel des colonies anglaises. — Leur autonomie. — Les garanties de la Mère-Patrie : garanties constitutionnelles, légales et économiques. — Même si ces garanties disparaissaient, ces colonies ne chercheraient pas à devenir des Etats indépendants, elles n'y ont pas intérêt. — Création probable dans les temps futurs d'une vaste confédération britannique. — Application partielle à l'Algérie de l'autonomie concédée aux colonies anglaises. — Pas de liberté politique. — Objection des parlementaires relative à cette liberté : antagonisme des races. — Réponse qu'on pourrait lui faire : Exemple de l'Afrique australe. — Une centralisation politique à forme spéciale serait suffisante. — Institution d'un gouverneur général muni de pouvoirs étendus, responsable individuellement de ses actes devant le Parlement, aidé à Alger par les conseils et les avis des Algériens. — Nécessité de la liberté financière et de la liberté commerciale. — Conseil colonial. — Sa nomination au suffrage universel. — Ses attributions administratives : budget colonial.—

Du vote de l'intégralité des taxes algériennes. — C'est le seul moyen de refondre le système fiscal et commercial de l'Algérie, indispensable à la détaxe de l'agriculture. — Montant des impôts que l'agriculture algérienne supporte et évaluation de la réduction dont ils pourraient être l'objet. — Objection contre la liberté commerciale : l'octroi de mer mettrait l'industrie française en état d'infériorité vis-à-vis de l'industrie étrangère, parce qu'à égalité de traitement, elle ne peut lutter contre elle. — Réfutation de cette objection tirée de l'examen soit de ce qui se passait en 1880, soit de diverses aptitudes des peuples, soit des mobiles qui incitent les colonies à s'approvisionner dans leur métropole. — Autre objection : l'octroi de mer aura un caractère protecteur en faveur des produits algériens. — Réponse à cette objection : l'agriculture algérienne n'a pas besoin de protection qui est un échange onéreux, mais d'une large détaxe qui est un don gratuit. — Par la modération de son tarif, l'octroi de mer aura un caractère simplement fiscal. — Il ne pourra tout au plus établir qu'un très léger commencement d'égalité entre l'industrie algérienne et l'industrie européenne. — Nécessité politique pour l'Algérie de renforcer sa population agricole à l'aide d'un appoint de population manufacturière. — Un appel aux Algériens.

. . . .

Nous croyons avoir amplement démontré que la principale cause de la crise intense qui sévit sur l'Algérie, ce n'est pas l'abus du crédit puisqu'on en fait dans toutes les colonies un usage excessif qui quelque préjudiciable qu'on le suppose ne va pas jusqu'à menacer leur existence ; ce n'est pas la barbarie de l'agriculture qui à nos yeux, étant données la hardiesse et l'intelligence incontestables des colons algériens, est moins une cause qu'un effet. Si les procédés culturaux sont parfois arriérés c'est souvent par suite de l'état de gène des travailleurs qui ne peuvent procéder à des perfectionnements presque toujours coûteux au début ; ce n'est point l'avilissement assez brusque du prix des denrées agricoles, cet avilissement est beaucoup plus funeste aux vieux pays où le loyer de la terre s'en ressent de suite et ne laisse qu'un revenu très diminué à une certaine classe de citoyens, qu'aux jeunes pays où la terre a peu de valeur et cependant les souffrances des vieux pays n'ont rien de comparable à l'agonie dans laquelle l'Algérie se débat.

Toutes ces causes et bien d'autres qu'on pourrait imaginer, en admettant qu'elles aient une valeur, ne sauraient être qualifiées que de causes secondes.

Quand bien même l'Algérie aurait une dette moindre, quand bien même son agriculture serait très perfectionnée, quand bien même le prix des denrées agricoles aurait une tendance à la hausse, sa situation ne serait pas prospère parce que son régime commercial est déplorable et qu'il la ruine.

Grevée d'une lourde surcharge du chef de ses importations et de ses lois de navigation dont elle ne peut récupérer l'équivalent du chef de ses exportations ; traquée sur le marché français qu'elle aborde dans des conditions désavantageuses de transport et de prix, quand elle peut l'aborder ; incapable de se présenter en bonne posture sur les marchés libres du nord qui sont cependant les marchés auxquels elle peut offrir les utilités qui leur manquent comme le vin ou celles qu'ils consomment abondamment comme la viande, soit à cause des frais de toutes sortes dont sa production est démesurément grevée, soit parce que ses relations avec les pays étrangers ont été pour ainsi dire rompues, elle se trouve placée dans l'alternative ou de ne pas produire ou bien si elle produit de vendre mal ou de ne pas vendre.

Elle s'efforce en vain pour équilibrer un bilan toujours en déficit, de restreindre ses dépenses, nous voulons dire ses importations ; comme il faut bien qu'elle vive et qu'elle doit consommer pour vivre, elle ne peut pas les restreindre assez pour les solder entièrement avec ses recettes normales, nous voulons dire avec ses exportations.

C'est donc sur son capital qu'elle doit prélever la différence à moins que l'Etat consente à la couvrir par des subventions.

Un pays qui se trouverait quelque temps dans de pareilles conditions aboutirait infailliblement à une liquidation.

C'est le cas de l'Algérie.

Mais nous avons indiqué que la liquidation de la colonisation française en Afrique marquerait un des plus retentissants échecs que la France ait subi depuis qu'elle a rang dans le monde. Nous avons signalé le grand intérêt politique qu'il y avait à ce que la Patrie n'échouat pas sur le continent africain au XIXme siècle comme au XVIIIme siècle elle a échoué déjà sur le continent américain.

La France joue sa dernière carte. La partie perdue, aucune revanche n'est désormais possible, parce que toutes les parties de l'univers où la race européenne peut s'acclimater sont solidement occupées.

L'Algérie doit être sauvée dans l'intérêt de la patrie elle-même afin qu'elle devienne le centre et la tête de cet empire africain qui suivant la belle expression de Prévost-Parradol « ne sera pas seulement une satisfaction pour notre orgueil, mais qui sera certainement dans l'état futur du monde la dernière ressource de notre grandeur. »

Comment la sauver ?

Interrogeons l'histoire elle nous fournira sans doute de précieux renseignements.

Il est une grande nation qui s'est trouvée et qui se trouve encore dans la même situation que la France, qui a possédé et qui possède encore de vastes colonies à peuplement européen, c'est l'Angleterre.

Au siècle dernier l'Angleterre comme la France était imbue des fausses idées du système mercantile, elle croyait fermement à la théorie des débouchés exclusifs et des propriétés nationales. Cette politique qu'Adam Smith et Turgot condamnaient à la même époque comme inintelligente et brutale lui a fait perdre les provinces du nord de l'Amérique car c'est sur une question de tarifs que la guerre de l'Indépendance a éclaté.

Le coup fut rude.

On crut d'abord que l'Angleterre ne s'en relèverait pas.

On raconte même à ce sujet que Franklin s'étant présenté à l'historien Gibbon, celui-ci refusa de le recevoir disant qu'il n'entendait pas avoir affaire à un rebelle. Franklin fit répondre à l'historien qu'il lui procurerait les matériaux d'une nouvelle histoire, celle de la grandeur et de la décadence de l'empire britannique.

Franklin n'était que l'interprète de l'opinion générale. Mais l'opinion générale se trompait.

L'Angleterre n'est pas entrée en décadence. Après la perte de ses provinces d'Amérique, elle s'est relevée au contraire plus glorieuse que jamais et est en train de devenir la mère des nations.

Pourquoi ?

Parce qu'elle a su sans faux orgueil profiter de la rude leçon qu'elle s'était attirée.

Renonçant à des conceptions surannées dont la fausseté le disputait à l'injustice, elle s'est prise à considérer ses colonies non plus comme des propriétés nationales mais ainsi que le voulait notre Turgot, comme des Etats amis, auxquels elle a concédé non seulement la liberté commerciale, mais encore toutes les libertés sans exception.

Par des chartes successives intervenues dans la deuxième moitié de ce siècle : en 1867 pour le dominion du Canada qui constitue une union entre plusieurs colonies de l'Amérique du nord : Canada fançais et Canada anglais, Nouvelle-Ecosse, Nouveau-Brunswick, bientôt apparemment Terre-Neuve ; en 1853 et en 1872 pour le Cap ; en 1852 et en 1855 pour les colonies australiennes, l'Angleterre a remis à ses grandes colonies à peuplement européen l'entière gestion de leurs intérêts locaux.

Elles ont toutes été dotées d'un gouverneur jouant le rôle de vice-roi, représentant le pouvoir central, assisté d'un ministère responsable devant un Parlement local composé de deux Chambres.

Quelques-unes de ces colonies se présentent sous la forme de républiques aristocratiques, d'autres sous celles de républiques démocratiques. Les unes pratiquent le libre échange, d'autres préfèrent la potection, les unes vivent à l'état isolé, d'autres se réunissent en confédération politique, d'autres simplement en unions douanières.

Rien n'est plus varié, plus riche, plus éblouissant, on pourrait dire, que cette bigarrure de formes constitutionnelles et politiques recélant toutes cependant le fond commun de la civilisation et de la Patrie britanniques.

L'autonomie qui a été concédée aux colonies anglaises est donc complète. Pourtant ce n'est pas la séparation.

Il y a toute une série de liens qui unissent encore la Métropole et les colonies.

D'abord d'une façon générale la séparation n'est pas à redouter parce qu'elle n'est désirée par personne et peut être moins encore par les coloniaux que par les métropolitains. L'empire britannique est en droit de compter sur le loyalisme absolu de tous ses sujets.

C'est même un phénomène assez remarquable, alors que l'empire renferme un certain nombre de provinces peuplées par des races qui ne sont pas anglo-saxonnes, que ce sentiment de loyalisme soit aussi fortement imprimé dans le cœur du Canadien Français et dans celui de l'Africain Hollandais que dans le cœur de l'Anglo-Saxon d'Australie.

« Aujourd'hui écrit M, Jules Leclerc (1) qui dans un récent ouvrage donne des renseignements puisés par lui sur place aux sources authentiques sur les mœurs et la politique de l'Afrique australe, Anglais et Boërs se disent *Africanders* dans le sens large du mot, *tous sont unis dans le même sentiment de loyauté envers l'empire britannique.* La Sud-Afrique unie, la nationalité pure n'est plus l'aspiration vers une République de langue Hollandaise, mais l'union de tous les colons qui regardent l'Afrique du Sud comme leur pays et *l'Angleterre comme leur suzeraine.* »

Mais l'empire britannique, en dehors de ce sentiment vif et franc de loyauté qui anime ses sujets et sur lequel il peut compter, possède un ensemble de garanties de natures diverses.

Quelques-unes de ces garanties sont constitutionnelles, d'autres légales, d'autres simplement économiques.

Il y a quatre garanties constitutionnelles.

1° Bien que chaque colonie ait un Parlement auquel la gestion des intérêts locaux est entièrement remise, cependant le Parlement Métropolitain, le Parlement de Wesminster a gardé en puissance le droit de légiférer souverainement pour toutes les parties de l'empire (2).

(1) A travers l'Afrique australe, page 80.

(2) Boutmy, études de droit constitutionnel, page 20.

2° La Métropole a un droit de *veto* que peut exercer le secrétaire d'état colonial, au nom de la reine, et à l'aide duquel il peut s'opposer à l'application des décisions des Parlements locaux.

3° Le Parlement local ne peut modifier sa charte qu'avec l'approbation de la couronne.

4° Le chef du pouvoir exécutif, le gouverneur est nommé par la couronne.

Voici maintenant la garantie légale.

S'il y a un dominion du Canada, bientôt peut-être une confédération australienne et une confédération sud-africaine, il n'y a pas du moins de nationalité canadienne, australienne, africaine, il n'y a qu'une nationalité britannique.

S'il y a diversité de groupes il n'y a donc pas diversité de sujets.

Les colonies anglaises sont des états imparfaits, elles n'existent pas extérieurement et ne peuvent être considérées comme des personnes du droit international public.

Dans l'empire britannique, c'est le fait de la résidence, et non la vertu de la loi qui fait un colonial ou un métropolitain. On y cumule parfois les deux qualités.

On voit actuellement un canadien, qui sans avoir quitté son domicile du Canada, occupe un siège de député à la Chambre des communes de Londres, pour la division électorale de South-Longford.

Quant au lien économique, il consiste en ce que les colonies sont en fait obligées de diriger leurs exportations sur le marché de Londres parce qu'elles sont toutes débitrices de leur métropole, ayant eu recours à des emprunts publics ou privés pour créer leur outillage économique et alimenter leur production et qu' c'est avec leurs exportations qu'elles payent l'intérêt de leur dette.

On peut se demander si ces garanties constitutionnelles, légales et économiques, garderont toujours leur entière efficacité.

La Mère-Patrie pourrait-elle en cas de besoin sortir de son arsenal constitutionnel des armes qui vont se rouillant de plus en plus par le non usage, car en fait le Parlement de Wesminster ne légifère pas, le secrétaire d'Etat colonial n'exerce pas son *veto*, la Métropole approuve les yeux fermés les modifications proposées par les colonies à leur charte ?

La garantie économique elle-même qui paraît indestructible, puisqu'elle est basée sur une loi naturelle, ayant un caractère nécessairement fatal, ne faiblira-t-elle pas ?

Ce lien de diamant comme on l'a pittoresquement qualifié n'aura-t-il pas un jour la fragilité du verre ?

Les colonies ne recouvreront-elles par leur indépendance financière ?

N'arriveront-elles pas à payer intégralement leurs dettes, intérêt et capital, n'auront-elles pas une épargne propre dont elle pourront se servir ?

Tout cela est très possible.

Si ces possibilités se réalisaient, les colonies ne se sépareraient-elles pas de l'Empire britannique ? ne se détacheraient-elles pas de lui comme un fruit mûr ? demeureraient-elles au contraire les branches multiples d'un tronc unique et gigantesque ?

Cette dernière hypothèse paraît la plus vraisemblable.

Les colonies anglaises jouissent d'une condition plus heureuse que celle qu'elles auraient si elles constituaient des Etats indépendants ; elles n'ont pas de charges militaires et ne versent même pas de tribut à l'Empire qui les couvre cependant de sa protection.

Elles inclineront, croyons-nous, volontiers vers une confédération avec la Métropole.

Cette idée là est à l'ordre du jour chez nos voisins d'Outre-Manchè et il y a près de 10 ans, M. le professeur Seeley (1) s'en est fait le champion éloquent.

On peut très bien prévoir que le principe fédératif qui a procédé à la formation du Royaume-Uni, que les colonies anglaises ont héréditairement conservées, qu'elles pratiquent couramment entre elles, soit susceptible dans les temps futurs d'une extension nouvelle.

Un vaste Etat se formerait assis sur l'un et l'autre hémisphère, lequel à défaut de continuité territoriale qui perd beaucoup de son importance depuis que la vapeur et l'électricité ont supprimé les distances, aurait pour lien la communauté de langue, de religion et d'intérêts économiques. Ces intérêts en s'associant, centupleraient leur puissance et pesant d'un poids irrésistible dans la balance commerciale du monde la feraient pencher en leur faveur et rendraient toute concurrence impossible.

---

(1) *L'Expansion de l'Angleterre.* Ce livre a été présenté au public de langue française par MM. Baille et A. Rambaud.

Des conceptions aussi élevées et tellement amples qu'elles paraissent démesurées, sont plus familières qu'on ne croit au génie hardi et persévérant du peuple anglo-saxon.

Au moment où nous écrivons, l'Angleterre n'essaye-t-elle pas, rejetant audacieusement la France dans l'angle pierreux du Sahara et l'Allemagne dans les lagunes du Sud-Est, de relier l'Egypte au Cap par un réseau de lignes télégraphiques et de voies ferrées afin de canaliser à son profit le courant commercial de tout le continent Noir ?

Quel que soit d'ailleurs un avenir dont personne ne peut exactement sonder la profondeur et dont la réalité précise nous échappe, ce qui est bien sûr, c'est que le régime de liberté à outrance, inauguré par l'Angleterre, lui a été beaucoup plus profitable que le régime de contrainte à outrance qu'au siècle dernier elle avait imprudemment pratiqué, puisqu'il lui a permis de conserver ses colonies alors que le régime inverse les lui avait fait perdre ; que, grâce à lui, l'Angleterre a atteint un degré de splendeur inouï et qu'elle brille dans une glorieuse apothéose comme un soleil entouré de ses satellites.

Pourquoi l'exemple de l'Angleterre ne tenterait-il pas la France ?

Pourquoi se refuserait-elle à écouter les leçons de l'histoire et fermerait-elle les yeux aux données de l'expérience ?

On objectera peut-être que l'Angleterre et la

France n'ont pas le même génie, que ce qui est bon pour l'une, peut être détestable pour l'autre.

En politique, c'est souvent avec des raisons de cette nature, insaisissables à dessein par leur vague et leur imprécision, qu'on s'oppose à l'application des doctrines les plus scientifiquement établies.

On prétendra donc que chacun ne peut donner que ce qu'il possède, que la France possède un tempérament autoritaire, qu'elle est centralisée, qu'elle porte donc toujours et partout la centralisation avec elle, tandis que l'Angleterre possède un tempérament libéral, qu'elle est décentralisée, qu'elle porte toujours et partout la décentralisation avec elle.

Et quand ce serait ?

Si les principes de l'Angleterre sont bons, pourquoi la France ne s'en emparerait-elle pas ? quelle force aveugle peut donc l'en empêcher ?

L'homme pour si rivé qu'il soit à la double fatalité de l'hérédité et du milieu, peut cependant se modifier lui-même par l'effort de sa volonté qui en a fait le maître et le dominateur de la création.

Pourquoi par un effort de volonté identique, la France ne modifierait-elle pas ses aptitudes ? Peut-être sont-elles moins anciennes et moins invétérées qu'on le suppose puisqu'elles ne datent que de la monarchie absolue dont la fondation ne se perd pas cependant dans la nuit des temps ?

Que la France se résolve donc à la décentralisation, qu'elle décentralise chez elle, qu'elle décentralise en Algérie, puisque là est le salut.

Au surplus, en nous en tenant à l'Algérie, nul homme de bon sens et de bonne foi n'hésitera à reconnaître que cette transformation ne doit pas s'opérer instantanément. Une période de transition peut se comprendre où la colonie, sans se détacher complètement de la Métropole afin d'en présenter une seconde et complète image dans une autre partie du monde, s'en dégage seulement pour ainsi dire à moitié et, à défaut de toutes les libertés, jouisse au moins des libertés essentielles.

Cette situation mixte n'est pas impossible à définir.

Quand on analyse le contenu des chartes concédées aux colonies à peuplement européen de l'empire britannique on voit qu'elles se résolvent toujours en trois articles irréductibles. Ces colonies se gouvernent comme bon leur semble, c'est la liberté politique ; elles se taxent comme elles l'entendent, c'est la liberté financière ; elles choisissent le régime commercial qui leur agrée le mieux, c'est la liberté commerciale.

De ces trois libertés, nous admettrions volontiers que la première, la liberté politique ne fut pas accordée à l'Algérie, parce que dans notre état de crise économique, c'est la moins urgente et parce que c'est aussi, dans l'état de nos mœurs, la plus controversée.

M. le sénateur Boulanger écrivait en 1890 :

« Serait-ce faire acte de bonne politique d'abandonner le gouvernement de 2,262,422 indigènes et 205,213 étrangers à la discrétion des représentants dans les Conseils généraux de ces 219,927 colons d'origine française. Si pareille mesure venait à être consentie, la France ne commettrait-elle pas une imprudence dont les effets pourraient être désastreux » (1).

Un an plus tard, le regretté Jules Ferry, dans un rapport sur l'organisation et les attributions du gouvernement général, faisant certainement allusion au rôle politique que pourrait jouer notre Conseil supérieur de gouvernement, s'opposait à son développement en disant :

« Ce n'est pas le danger des séparations lointaines, toujours contenues en germe, dans l'institution d'un *Parlement colonial*, si modeste, qu'il se fasse à ses débuts, que nous redoutons. Il n'existe pas .. il ne saurait exister de longtemps des éléments sépératistes en Algérie. C'est l'autorité propre, l'indépendance dont le Gouverneur général a besoin vis-à-vis des éléments divers dont se compose notre grande colonie que nous voulons sauvegarder. L'Algérie est nécessairement livrée aux conflits de deux races rivales, l'européenne et l'indigène. Le Gouverneur général est la seule force organique qui puisse maintenir entre elles un juste équilibre » (2).

Jules Ferry aurait pu fortifier sa thèse de cet autre argument, que ce n'est pas seulement l'Algé-

---

(1) Rapport fait au nom de la Commission des finances, chargée d'examiner le projet de loi adopté par la Chambre des députés (exercice 1891), page 174.

(2) Rapport sur l'organisation et les attributions du Gouvernement général, page 47.

rie mais bien toute l'Afrique du Nord-Ouest qui va se trouver livrée à deux races rivales.

Dans cette immense étendue de territoire, qui des bords de la Méditerranée s'étend jusqu'au Congo en passant par le Sénégal, s'agite une population musulmane de plusieurs millions d'âmes, en peut-on remettre la direction à une sorte d'oligarchie européenne ?

On pourrait, il est vrai, répondre que l'Algérie n'est pas la seule colonie à peuplement européen où deux races rivales se trouvent en présence ; que la même situation se rencontre dans la colonie du Cap, que les noirs du Cap sont au moins aussi prolifiques que les musulmans de l'Algérie et du Sahara, qu'il y a et qu'il y aura toujours moins d'Européens dans le Sud-Afrique que dans le Nord-Afrique, qu'il se forme là-bas un immense empire plus grand déjà que l'Europe, et que cependant l'Angleterre, qui aussi bien que la France a la prétention, elle qui la première a proclamé l'abolition de l'esclavage, de ne laisser tomber aucun de ses sujets en servitude, abandonne sans crainte la tutelle de ces populations noires à quelques milliers d'Européens.

Elle trouve apparemment que si la tutelle exercée de loin est parfois animée d'intentions plus pures, ce qui n'est pas toujours prouvé, elle est moins bonne en résultats pratiques que la tutelle exercée de près, parce qu'elle est moins intelligente.

Mais il est superflu d'insister sur un pareil sujet puisque nous ne demandons pas pour l'Algérie la liberté politique.

L'Algérie ne jouira donc pas du self gouvernement, elle ne pourra pas voter les lois qui la doivent régir non plus que confier à un ministère responsable la direction de sa politique intérieure et extérieure. Elle continuera comme par le passé à former un groupe politique de départements trans-méditerranéens nommant des sénateurs et des députés comme les autres départements de la Métropole.

Mais malgré tout, même au point de vue politique, sa situation devra toujours être un peu particulière.

Elle ne pourra pas être gouvernée de Paris, elle devra l'être d'Alger, par un représentant du pouvoir central muni de pleins pouvoirs. Cet organisme souple et fort, est encore celui qui paraît le mieux s'adapter à la diversité ethnique et à la simplicité sociale des éléments hétérogènes qui composent la population coloniale : Français, Indigènes, Israélites, Espagnols, Italiens, etc.

Le représentant du pouvoir central, devra répondre des pouvoirs qui lui seront confiés. Cette garantie est essentielle, puisqu'elle empêchera son omnipotence de dégénérer en tyrannie.

Il en devra répondre, non pas devant un Ministre, ce qui est une responsabilité illusoire (1), mais devant le Parlement lui-même.

---

(1) Jules Ferry qui concevait des doutes sérieux sur son efficacité puisqu'il reconnaît dans son rapport (page 44), son imperfection se fût bien gardé de la préconiser s'il eût mieux connu l'histoire algerienne.

La subordination du gouverneur à un ministre dirigeant et responsable a toujours abouti à l'abandon des affaires algeriennes et

Chargé des affaires d'Afrique, comme les Ministres sont chargés des affaires de France, nommé parallèlement à eux par le Président de la République, il serait conforme à la logique qu'il répondit seulement des affaires d'Afrique. Aucune solidarité ne pourrait se concevoir entre lui et les Ministres de la Métropole, puisque l'objet de leur mandat est différent.

Mais cette centralisation à forme spéciale dont le principal et on peut le dire l'unique objectif est de procurer une action rapide et énergique, si nécessaire dans un pays de perpétuelle transformation et dont les races sont diverses, s'accommoderait mal de la lenteur des procédés législatifs en vigueur en France.

Le Parlement a besoin parfois de plusieurs années pour en terminer avec une loi, et s'il s'agit d'une loi algérienne, on risque fort qu'elle perde son opportunité au moment même où elle rentrera en vigueur.

De tels procédés doivent être simplifiés.

Partant de ce principe qu'en France la loi est faite en général par le Parlement et que le Chef de l'Etat en règle les détails à l'aide d'un décret, il faudrait, par une sorte de transposition, décider qu'en principe et sauf certaines réserves à énumé-

---

à une entière irresponsabilité. Dès le début, la commission d'Afrique nous apprend qu'en 1831 (ordonnance du 1er décembre), alors que le général en chef commandant le corps d'occupation relevait du Président du Conseil. « *Les dépêches s'entassaient dans son cabinet et restaient sans réponse.* » (Procès-verbaux et rapport de la Commission d'Afrique, page 265) et en 1876, alors que le gouverneur Chanzy relevait du Ministre de l'Intérieur, il déclara à la séance du budget du 4 août 1876 que *souvent les Ministres ne lisaient pas ses lettres.*

rer limitativement, le Chef de l'Etat ferait la loi et que le Gouverneur en assurerait l'exécution et en réglerait les détails par des arrêtés locaux.

Mais il va de soi que si les Algériens ne doivent pas jouir de la liberté politique, s'ils doivent être soumis à une centralisation à forme spéciale, ils ne peuvent cependant en être réduits à demeurer les spectateurs impassibles et indifférents d'une action politique et gouvernementale dont ils seront les premiers à ressentir les effets bons ou mauvais.

Sans posséder un pouvoir de décision propre, qui resterait entier entre les mains du Gouverneur. ils devraient, au moins, pouvoir éclairer ce fonctionnaire de leurs vœux et l'appuyer de leurs avis. Ils devraient donc être nécessairement consultés sur les lois qui leur seraient applicables, et devraient pouvoir formuler des vœux sur la politique générale algérienne (1).

Si sous le bénéfice d'une décentralisation particulière, dont nous venons d'indiquer l'économie générale, nous ne demandons pas pour l'Algérie la liberté politique, du moins, demandons-nous pour elle la liberté financière et la liberté commerciale.

---

(1) M. le Conseiller supérieur Robe, a déposé sur le bureau du Conseil supérieur, un vœu dans ce sens, dans les sessions de 1893 et 1894.

« Je propose au Conseil, a-t-il dit, d'émettre le vœu que les projets de lois et décrets concernant l'Algérie, soient soumis à l'avis du Conseil supérieur, avant d'être présentés au Parlement ou au pouvoir exécutif. » Ce vœu a été adopté. (Procès-verbaux du Conseil supérieur, année 1893, pages 398 et 601, et année 1894, pages 585 et suivantes).

Ici nous remarquerons que si la raison alléguée par Jules Ferry, pour nous refuser la liberté politique à savoir qu'en Algérie deux races rivales sont en conflit, est bien la raison véritable, s'il n'y a pas, comme on dit, une pensée de derrière la tête, que l'on n'ose pas exprimer ouvertement, mais à laquelle on pense, et qui paraît déterminante ; s'il s'agit seulement d'empêcher que les Indigènes ne soient tyrannisés par les Européens et non point qu'Indigènes et Européens soient tenus en perpétuelle sujétion, cette raison n'existe plus en matière de liberté financière et commerciale. Sur ce terrain tout antagonisme disparaît.

Les intérêts des Européens et ceux des Indigènes sont identiques.

Tous sont producteurs. Les uns cultivent la vigne, le blé tendre, les plantes industrielles ; les autres sèment le blé dur, élèvent le mouton et le cheval. Si l'Européen ne peut pas consommer le vin qu'il produit, l'Indigène ne peut davantage consommer le croît des troupeaux qu'il élève. Tous deux désirent une exportation facile. Ils supportent malaisément des frais énormes qui frappent de stérilité les avantages naturels que leur assurait pourtant dans la lutte économique de l'univers un sol fertile et à bon marché, d'une exploitation commode parce qu'il comprend de nombreuses plaines, une main-d'œuvre abondante et économique et la proximité d'engrais très puissants. Leur coût de production a été imprudemment élevé dans de telles proportions qu'ils ne peuvent plus aborder les marchés libres qu'avec un désavantage marqué. Indigènes et Européens sont cependant propriétaires ; comme tels, ils ont le droit incontestable de disposer des produits de leurs travaux. C'est l'exercice de ce droit primordial que les uns et les autres revendiquent.

Unis dans un même besoin de dégrèvement, sollicités par un même effort d'expansion extérieure, pourquoi ne s'entendraient-ils pas loyalement, n'opèreraient-ils pas leur fusion économique, pour voter les impôts qui seraient les moins lourds à leur milieu primitif et pour choisir le régime commercial qui stimulerait le mieux leurs productions ?

Que peut-on redouter ?

Que, mûs par un sentiment égoïste, par la pensée qu'on leur prête couramment en France de vouloir opprimer une race inférieure, les Européens ne soient que trop portés à se détaxer pour surtaxer d'autant les Indigènes ?

Mais par le seul fait de la substitution en matière commerciale, de la décentralisation à la centralisation, les Indigènes seraient libérés d'une somme égale à celle qu'ils paient pour l'*achour* ; c'est-à-dire pour leur impôt foncier qui flotte en principal entre 5 et 6 millions.

D'après les calculs de M. le sénateur Clamageran (1), en 1891 ils acquittaient 3 millions de droits de douane. En 1895, leur cote-part va s'accroître dans une proportion sensible, puisqu'on veut surtaxer les denrées coloniales dont ils font un courant

(1) Rapport sur le régime fiscal de l'Algérie, page 55.

usage. De ce chef, leur participation dans l'impôt de douane montera bien à 3,500,000 francs, auxquels on doit ajouter la majoration de prix qu'ils versent aux industriels français et même étrangers, en achetant obligatoirement leur produits venant de France et qui ne peut être évalué à moins de 4 millions — nous l'avons estimé à 40 millions — si on admet qu'ils y participent dans la proportion modique de 10 p. o/o.

Cela fait au total 7,500,000 francs qui tomberaient à 2 par la simple substitution d'un régime purement fiscal à un régime ultra-protecteur.

Les Indigènes commenceraient donc par profiter d'une large détaxe; de longues années s'écouleraient probablement avant qu'on put songer à la leur reprendre d'une façon détournée, en augmentant le montant des impôts arabes.

Les Français algériens sont mieux placés que personne, pour constater que ces malheureux plient littéralement sous le poids du fardeau qui leur est imposé par les philanthropes de la Métropole. Leur propre intérêt à défaut même de l'humanité, leur conseillerait de les relever tout d'abord.

D'ailleurs si une crainte aussi déraisonnable dans les circonstances présentes, persistait à hanter le cerveau sensible de certains métropolitains, rien ne serait plus facile que de la calmer en reprenant et en appliquant l'article 49 du projet de loi organique algérienne, préparé sous l'Empire, par la Commission sénatoriale de 1869, ainsi conçu :

« Les tarifs actuels de l'impôt arabe ne pourront être augmentés que par une loi. »

Cette liberté financière et cette liberté commerciale que nous réclamons pour l'Algérie, devraient être complètes ou à peu près, si on veut qu'elles aient une entière et prompte efficacité.

C'est là le spécifique que nul dérivatif ne pourrait remplacer, pas même l'expédient de l'assimilation tempérée, qui rapprocherait le régime de l'Algérie de celui de la Corse.

Cette assimilation tempérée avait sous l'Empire une raison d'être qu'elle a perdue. Comme l'Algérie n'était pas en état de suffire à ses dépenses, on pouvait hésiter à lui remettre la disposition des recettes qui n'étaient pas les siennes. D'autre part, comme l'Algérie, importait beaucoup et qu'elle exportait peu, il y avait moins de nécessité à lui permettre de choisir des débouchés. Le système d'exemption fiscale et douanière qui avait prévalu, répondait donc de façon convenable, aux exigences de la situation. Mais déjà vers la fin de l'Empire, en présence des progrès de la colonisation, on avait reconnu son insuffisance.

Aujourd'hui, il ne serait pas avantageux à la France, puisqu'il ne résout en rien la grosse question qui l'intéresse, celle des exportations algériennes. Il serait inacceptable pour l'Algérie qui, avec la conscience qu'elle a de sa force, entend assumer la responsabilité en même temps que les risques de la gestion de ses affaires locales.

. . . .

Mais comment organiser ces libertés que, par opposition à la liberté politique, nous pouvons bien appeler des libertés administratives ?

Par quels moyens les rendre accessibles aux populations ?

Qu'il s'agisse de liberté politique ou de liberté administrative, il est nécessaire de les incarner, de les personnifier dans un être de raison dont elles sont les attributs.

Si donc on veut renoncer à considérer l'Algérie comme une chose, une possession, une propriété dont l'Etat et les particuliers tirent le plus de revenus qu'ils peuvent, il faut élever l'Algérie au rang d'être de raison et l'ériger en personne civile.

C'est là la première et la plus importante des réformes.

La Commission sénatoriale de 1869 l'avait bien compris :

« Le projet de Constitution, était-il dit dans l'exposé des motifs, s'est proposé pour but de *personnifier* l'Algérie, d'émanciper le pouvoir appelé à l'administrer et d'associer ses habitants Français et Indigènes aux efforts qu'exigent le développement de la colonisation » (1).

C'est pour avoir négligé ce point, probablement d'ailleurs à dessein, que notre ancien Gouverneur, M. Tirman, administrateur très avisé, mais un peu pusillanime, a vu écarter son projet de budget spécial par une sorte de question préalable. Du moment que le régime des rattachements était maintenu, comme le déclarait M. Tirman, du mo-

(1) Commission sénatoriale d'études des questions algériennes, page 343.

ment que l'Algérie continuait à former en tout et pour tout un simple groupe de départements, qu'elle n'était pas érigée en personne civile, elle ne pouvait revendiquer le droit d'avoir un budget et en quelque sorte un patrimoine.

Le budget spécial n'était donc pas autre chose qu'un compte spécial venant détruire l'unité du grand budget français et apporter la confusion dans un sujet qui veut au contraire être simplifié.

Le moment est d'autant mieux indiqué pour l'Algérie d'être érigée en personne civile qu'elle ne peut plus compter sur l'assistance de la Métropole, parfaitement décidée à lui refuser de nouveaux subsides, estimant comme l'a déclaré, tout en le déplorant, un haut fonctionnaire du Gouvernement général que « l'Etat a aujourd'hui muni la colonie d'un outillage assez *complet* (?) pour dégager sa responsabilité et qu'il est temps de s'arrêter dans la voie des sacrifices » (1). Elle ne peut davantage compter sur des excédants possibles de recettes — ce qui paraît contradictoire puisque si on la traite comme un pays étranger, il faut au moins qu'elle ait les avantages en même temps que les inconvénients d'une telle situation — parce que M. Burdeau ne lui a pas caché qu'elle n'y avait pas plus de droit que n'importe quel autre département métropolitain (2).

---

(1) Rapport de M. Dormoy, Inspecteur général de colonisation. Procès-verbaux des séances du Conseil supérieur, année 1894, page 433.

(2) Rapport sur le budget général de l'exercice 1892, service de l'Algérie, page 206.

La colonie ne peut dès lors compter que sur elle-même pour assurer son présent et préparer son avenir.

L'Algérie est d'autant mieux fondée encore à demander à être érigée en personne civile, qu'avec ses ressources propres elle peut maintenant faire face à toutes ses dépenses.

D'après les déclarations du dernier rapporteur du budget de l'Algérie, M. Pourquery de Boisserin (1), si on laisse de côté les dépenses militaires et les garanties d'intérêt dues au chemin de fer, les recettes de l'Algérie équilibrent ses dépenses.

Voici les chiffres qu'il donne :

Dépenses	50.288.331
Recettes.............................	48.355.856
Différence en faveur des dépenses.....	1.932.465

La différence en faveur des dépenses est si légère qu'elle en devient négligeable. Même elle paraît devoir être retournée au profit des recettes, parce qu'il n'est pas douteux que les dépenses pourraient être largement réduites.

Les divers rapporteurs du budget et les publicistes algériens ont toujours été d'accord pour en déplorer l'exagération.

M. Jonnart, par exemple (2), qui a été fonction-

(1) Budget général de l'exercice 1895, service de l'Algérie, page 206.

(1) Budget général de l'exercice 1893 (service de l'Algérie), page 26.

naire, trouve que les bureaux du Gouvernement général sont trop nombreux et exprime l'opinion que les budgets à venir devront comporter une réduction notable des crédits du personnel central. M. Boisserin écrit « qu'on fait grand et trop beau, alors que tant de choses n'existent pas encore, et qu'on ne sait où trouver l'argent pour des besoins qu'il serait plus utile de satisfaire » (1).

Cette exagération des dépenses est due à ce qu'on a introduit dans ce pays l'appareil coûteux et compliqué de l'administration et de la fiscalité de la vieille société française.

Non seulement les dépenses sont exagérées, mais encore les recettes comportent toujours un déchet considérable, précisément pour la raison que nous venons d'indiquer.

Par exemple, on a voulu établir ici, tout comme en France, une taxe de consommation sur l'alcool, et en 1894 il est arrivé que 6,700 hectolitres d'alcool imposés, d'une valeur commerciale de 335,000 francs, droits déduits, ont coûté près de 200,000 francs de frais de perception, soit près de 70 p. 0/0 de leur valeur (2).

Nous pensons bien que lorsque nous avançons que l'Algérie peut à l'aide de ses recettes faire face à ses dépenses et que même ses recettes sont virtuellement supérieures à ses dépenses, on ne nous

(1) Budget général de l'exercice 1895 (service de l'Algérie), page 206.

(2) Borde, le privilège des bouilleurs de cru, *Vigie algérienne* des 25, 26, 27 et 28 avril 1895.

contredira pas en nous opposant qu'elle est incapable de payer ses dépenses militaires et ses garanties de chemins de fer.

Les dépenses militaires qui sont fixées d'ailleurs, en vue des nécessités continentales et non pas seulement locales, ne peuvent incomber entièrement à l'Algérie, tant qu'elle n'est pas un Etat indépendant. Nous reviendrons plus loin sur ce sujet.

Quant aux garanties d'intérêt, il s'agit là de dépenses spéciales qui, normalement, devraient être couvertes par les ressources spéciales qu'elles sont destinées à faire naître. La création d'un chemin de fer, lorsqu'il s'agit du moins des premières et principales lignes, est une avance qui doit être promptement récupérée sur le supplément de trafic qu'il devra procurer Aujourd'hui les tarifs sont tellement exagérés, le régime commercial et fiscal sont si peu tournés au développement de l'Algérie, que ce supplément de trafic ne se produit que lentement.

Mais du jour où les tarifs seront diminués, où la pénétration progressive du pays deviendra possible, où l'exportation sera facilitée, la mise en valeur des richesses qu'il contient sera bientôt faite et le trafic se développant, compensera bientôt les charges de l'exploitation.

L'exagération des dépenses locales et le déchet des recettes montrent combien il est urgent de confier à l'Algérie érigée en personne civile la gestion de ses intérêts locaux.

« On n'en est pas aujourd'hui à contester, lit-on dans le projet de constitution algérienne élaboré en 1869 (1), ce que renferme d'efficace et de vivifiant l'intervention sérieuse des intéressés dans la conduite de leurs propres affaires. Il n'appartient qu'à l'intérêt personnel mis directement en jeu, d'inspirer à l'administrateur au dégré nécessaire deux qualités également fécondes et qui se complètent l'une par l'autre, à savoir : *l'esprit d'économie* et l'esprit d'initiative ; *l'esprit d'économie qui conduit à rechercher avec ardeur et à retrancher sans hésitation toute dépense abusive ou seulement inutile* ; l'esprit d'initiative qui fait accepter sans regret et rechercher même avec empressement toute dépense utile et tout sacrifice productif.

Il n'est pas douteux que les besoins de l'Algérie soient mieux appréciés, plus largement et plus opportunément satisfaits par la libre volonté de ceux qui les ressentent que par un pouvoir éloigné, aux yeux de qui, si bienveillant qu'on le suppose, ces besoins ne s'imposent jamais avec toute leur intensité et toute leur urgence. »

L'Algérie peut donc être érigée en personne civile, puisqu'elle peut suffire à ses dépenses courantes, sans rien avoir à demander à l'Etat et qu'elle est mieux à même que qui que ce soit de bien gérer ses propres affaires.

A l'Algérie, ainsi personnifiée, il faudra nécessairement donner une charte ou constitution, c'est-à-dire un règlement général de ses nouveaux rapports avec la Métropole.

Sans rechercher ici par quelle autorité ce règle

Commission sénatoriale d'études, page 345.

ment devra être établi, ce qui nous entraînerait trop avant dans une discussion de droit constitutionnel qui ne serait point à sa place dans une étude économique, nous remarquerons qu'un des principaux articles de la Constitution devrait porter l'institution d'un Conseil colonial qui serait la représentation vivante de cette abstraction juridique, l'Algérie personnifiée.

Pour le créer, il n'y aurait pas lieu d'innover beaucoup, il s'agirait seulement de perfectionner un organe actuellement existant, le Conseil supérieur, en se bornant à accentuer sa composition dans un sens démocratique et à préciser ses attributions.

Tel qu'il apparaît, suivant le décret du 10 décembre 1860 et les décrets subséquents dont quelques-uns datent de nos jours, il est composé pour partie de fonctionnaires et pour partie de délégués des Conseils généraux.

Cette nomination, au moins partielle au suffrage restreint, pouvait être considérée comme un véritable progrès sous l'Empire, puisqu'à cette époque les membres des Conseils administratifs étaient d'ordinaire nommés par le pouvoir central ou par ses représentants. Quant à l'introduction de l'élément fonctionnaire il pouvait se justifier à l'origine dans un pays où la population était rare et clairsemée.

Mais d'une part cette dernière considération a diminué de valeur avec l'augmentation qui s'est produite dans la population coloniale, et d'autre part l'élection au suffrage restreint est bien démodée depuis que les Conseils administratifs sont issus du suffrage universel.

On a proposé, à titre de combinaison transactionnelle, l'adjonction aux Conseils généraux de collèges spéciaux, tels que les Chambres de commerce, les Chambres d'agriculture, etc., qui, elles aussi, nommeraient des délégués.

Mais n'est-ce pas compliquer étrangement les choses pour atteindre un mauvais résultat ?

A qui suit les délibérations du Conseil supérieur actuel, le grand vice de cette assemblée, c'est son défaut d'homogénéité. Les fonctionnaires, dont quelques-uns viennent pour la circonstance de Paris, ne pensent pas et ne peuvent pas penser comme les délégués algériens, surtout quand une question économique divisant la France et l'Algérie est en jeu.

Les délégués eux-mêmes ont des vues divergentes. Ils ne sont pas nommés d'après un programme, ils sont le mince produit de combinaisons minuscules et ne peuvent arriver au Conseil qu'avec des idées individuelles. Aussi le Conseil est-il de plus en plus incapable d'avoir une opinion suivie et de pouvoir la manifester.

Ce défaut d'homogénéité et l'absence de plan d'ensemble qui en est la conséquence serait singulièrement accru si on multipliait les sources de l'élection.

Encore plus qu'aujourd'hui les conseillers n'auraient de chaleur et d'activité que pour la poursuite acharnée des crédits budgétaires.

On prétendra peut-être que les nouveaux délégués apporteraient au moins un élément de compétence qui fait parfois défaut.

Rien n'est moins certain. Il faut en général avoir plus de notoriété et de valeur pour être choisi par tous que pour être accepté par quelques-uns.

En tout cas, cette garantie de lumière et de compétence pourrait être croyons-nous obtenue, sans qu'aucun principe fut violé, par une sage limitation apportée au nombre des membres du Conseil colonial.

Une assemblée de 48 membres élue au scrutin de liste à raison de 16 membres par province, dont 4 membres indigènes, proportion largement suffisante pour une population qui n'a aucune notion du régime représentatif, nous paraîtrait devoir faire de la bonne besogne.

On pourrait facultativement lui adjoindre, suivant les cas, les chefs des services algériens, en qualité de commissaires du Gouvernement général, mais bien entendu, comme il est d'usage, sans voix délibérative. Une étude comparative des travaux des diverses Chambres françaises montre, qu'en général, en laissant de côté la politique pure et en ne voyant que les affaires, moins une assemblée est nombreuse et plus son niveau intellectuel est relevé. L'intelligence, chez elle, paraît donc être en raison inverse du nombre, ce qui après tout peut s'expliquer par cette considération, que plus on réunit d'hommes autour d'une discussion, plus les diversités s'accusent et plus il est nécessaire de présenter des idées simples et pour ainsi dire rudimentaires pour grouper une majorité.

Quant aux attributions du Conseil colonial, en ne nous occupant plus de ses attributions consultatives en matière politique, elles seraient celles de tout autre Conseil administratif.

Ces Conseils votent toujours un budget local alimenté par des recetes sur lesquelles ils ont un droit de décision plus ou moins étendu et exercent une certaine inspection sur la marche des services fonctionnant sur le territoire qu'ils représentent.

Par analogie de situation, le Conseil colonial voterait le budget colonial alimenté par les taxes locales dont il établirait l'assiette et fixerait les tarifs, il contrôlerait les dépenses et inspecterait la marche des services coloniaux.

C'est dans le vote de ce budget, c'est dans le dressement intelligent du tableau des voies et moyens, c'est dans une stricte économie apportée aux dépenses, que l'Algérie pourrait enfin trouver les ressources nécessaires à son développement et par conséquent le moyen de contracter l'emprunt d'un demi-milliard qui est nécessaire à l'achèvement de son outillage industriel.

Cette sage administration, nul doute pour nous qu'elle ne la réalisât. Nous avons déjà cité à ce sujet l'opinion de la Commission sénatoriale de 1869, qui était composée de gens de grande expérience.

Les conseillers auraient bientôt fait de porter un fer salutaire dans l'exubérance de certains services non reproducteurs en même temps qu'ils chercheraient des subsides plus abondants et d'une perception économique pour alimenter les services vraiment reproducteurs comme celui de la colonisation et des travaux publics qui sont les deux grands services de l'Algérie.

Mais ici une question se pose :

Ce droit de voter le budget local reconnu aux représentants des habitants de la colonie et de procéder à l'établissement des taxes locales, devrait-il s'exercer sur toutes les taxes perçues en Algérie, ou seulement sur quelques-unes ?

Le projet de la Commission sénatoriale de 1869 faisait une distinction dans ses articles 41 et 42.

Une partie des taxes locales était acquise à l'Algérie et l'autre partie au Trésor :

Article 41. — Sont perçus en Algérie au profit du Trésor public :

Les droits d'enregistrement, de greffe, d'hypothèque et de timbre ;

Le produit des domaines ;

Les taxes de douanes, sauf les droits de port ;

Les taxes recouvrées par les services de la télégraphie et des postes ;

Le produit des brevets d'invention et toutes autres taxes qui pourraient être imposées par la loi annuelle de finances.

Article 42. — Sont perçus au profit du service local de l'Algérie :

La contribution ou tribut arabe ;

Les contributions directes ou indirectes ;

L'octroi de mer ;

Les droits sanitaires et de port et toutes autres contributions dont la perception aurait été autorisée et le tarif voté par le Conseil supérieur dans la loi annuelle de finances. »

Ce système, ou même une réduction de ce système, a été repris par M. le conseiller supérieur Marchal dans le vœu récent qu'il a déposé sur la réorganisation du Conseil supérieur.

« Il fait sortir — porte le compte rendu officiel (1) — du budget de l'Algérie les dépenses de souveraineté, tout ce qui représente et maintient l'action politique de la France en Algérie, non seulement l'armée, mais les traitements des hauts fonctionnaires, de la magistrature et les crédits destinés aux services qui n'ont point une utilité coloniale, et c'est avec les dépenses afférentes aux intérêts particuliers de la colonie, aux travaux publics, à l'agriculture, à la colonisation par exemple, qu'il constitue le budget de l'Algérie proprement dit, le budget colonial qui s'élèverait, à l'heure actuelle, à une vingtaine de millions et qui serait soumis, recettes et dépenses, aux délibérations du Conseil supérieur. »

Mais un pareil système qui est, nous l'entendons bien, une transaction destinée à atténuer, afin de la rendre plus acceptable, la réforme administrative désirée par les Algériens, ne serait point le nôtre.

Nous l'avons dit, il nous paraît indispensable, la liberté politique étant mise à l'écart, que l'Algérie bénéficie d'une liberté financière et commerciale à peu près complète.

---

(1) Procès-verbaux du Conseil supérieur, année 1894, page 707.

Il est urgent d'en terminer une bonne fois avec les tiraillements pénibles et les conflits irritants qui divisent colonie et Métropole et finiraient, si on n'y prenait garde, par engendrer une atmosphère d'hostilité dans laquelle un jour éclaterait quelque orage.

Le système de la Commission de 1869, qui d'ailleurs pouvait se comprendre à une époque où l'Algérie était incapable de payer toutes ses dépenses, repris et atténué par M Marchal, constituerait selon nous un perpétuel et insurmontable obstacle à la refonte intégrale et rationnelle du système fiscal algérien, qui s'impose au même titre que celle du régime commercial si on veut sérieusement détaxer l'agriculture algérienne qui est écrasée.

Si certaines taxes intérieures étaient perçues comme dans le passé par la Métropole, comme par le passé également, les Algériens continueraient à être pressurés par le Parlement et par les bureaux parisiens, d'autant plus disposés à leur appliquer, faute de points de comparaison, le coûteux et encombrant mécanisme des impôts métropolitains, qu'ils ne voient que le profit immédiat qu'ils en retirent, sans se préoccuper de ce qu'il nous en peut coûter et qu'ils sont trop éloignés, pour entendre les plaintes des populations.

La détaxe de l'agriculture, voilà le grand point qu'on doit avoir toujours sous les yeux.

L'Algérie et par conséquent l'agriculture algérienne, puisque nous nous trouvons en présence d'un pays essentiellement agricole, verse en 1895 la somme énorme de plus de 106 mi. ons à la France, dont 50 millions à l'Etat, se décomposant comme suit : 23 millions de contributions directes et taxes assimilées, 11 millions et demi de douanes, plus de 8 millions d'enregistrement et de timbre, 3,600,000 francs de contributions diverses, etc., et 56 autres millions aux particuliers, soit, si l'on suppose une importation moyenne de 250 millions, environ 40 millions aux industries fixées dans la Métropole, auxquels il faut ajouter 8 millions à l'industrie de l'armement pour les transports maritimes et 8 millions 1/2 aux actionnaires des chemins de fer domiciliés communément en France, pour les transports terrestres.

Si l'Algérie possédait la *self-taxation* des colonies anglaises, en abolissant les droits de douane et de navigation, elle se libérerait des 40 millions qui grèvent ses importations, des 11 millions qu'elle paie au Trésor, des 16 millions qu'elle verse aux industries des transports, soit en tout d'une charge de 67 millions qu'elle remplacerait par une charge de 30 millions due à la perception d'un droit d'octroi de mer frappant sur une importation qui dépasserait vite 300 millions, d'un droit modéré, la plupart des articles importés sans distinction du lieu de provenance. Le gain définitif serait donc de 37 millions, soit de 55 o/o.

Si à cet octroi de mer on ajoutait une taxe de sortie de 5 à 10 *o/o* sur les phosphates — comme il en existe au Pérou sur le guano — dont les produits iraient toujours en croissant, parce que la production, qui a été l'an dernier de 150,000 ton-

15

nes, paraît devoir s'élever prochainement à 1 million et plus, le montant des impôts arabes perçus au profit de l'Etat qui est à peu près de 9 millions, les produits du domaine et des forêts estimés à 3 millions et qui ne pourraient qu'augmenter par suite de la vente des terres à la colonisation ainsi que d'un meilleur aménagement des forêts, l'Algérie aurait de quoi couvrir et au delà toutes ses dépenses actuelles, même sans qu'elles eussent été réduites.

Elle pourrait même diminuer de 50 p. 0/0, au moins, les droits d'enregistrement et de timbre dont l'exagération et le jeu accéléré dans une colonie est particulièrement funeste en ce qu'il dévore le capital à mesure qu'il est produit ; supprimer le droit sur l'alcool et l'augmentation des licences qui vexent sans profit réel les populations ; abandonner aux communes la contribution foncière sur les propriétés bâties et d'une façon générale toutes les taxes directes ; ce serait encore le meilleur moyen de corriger, dans une large mesure, les vices qui leur sont propres dans une jeune société. Votés par les premiers intéressés, destinés à subvenir à des services dont le contribuable bénéficie immédiatement, ils paraîtraient et seraient, en réalité, moins lourds.

Mais il va de soi que l'Algérie, gardant toutes ses recettes, devrait faire face à toutes ses dépenses, non seulement à celles dont elle profite, mais encore à celles qu'elle occasionne. Il n'y aurait pas lieu de distinguer entre les dépenses locales et les dépenses de souveraineté.

Seulement, tandis qu'elle devrait subvenir intégralement à ses charges personnelles, elle ne devrait participer aux charges générales qu'au moyen du versement d'une subvention proportionnée à ses facultés. Ce devrait être là, l'objet d'un véritable arrangement de famille, dans lequel chacun donne ce qu'il peut, et non pas d'un règlement commercial, dans lequel chacun donne ce qu'il doit. Les Anglais, qui ne se piquent cependant point de générosité, ont plus fait que limiter la subvention de leurs colonies pour les dépenses de l'Empire, ils l'ont supprimée. Mais de tels errements sont injustes et démoralisants et les écrivains d'outre-Manche ont maintes fois reproché à leurs colonies et par exemple à la colonie du Cap, d'avoir témérairement engagé la Mère-Patrie dans des guerres dont l'Angleterre, seule, payait tous les frais.

Arrivés à ce point de notre exposition, nous ne nous faisons pas cette illusion de croire que le régime de liberté financière et commerciale que nous demandons pour l'Algérie ne soulèvera que quelques difficultés, il déchaînera au contraire, croyons-nous, les plus violentes critiques.

En tout temps et tout pays, ceux qui profitent des abus n'ont reculé devant aucun moyen pour les perpétuer. Certains individus, dont l'esprit étroit est incapable de s'élever au delà des bénéfices immédiats qu'ils pensent réaliser, ne se feront pas aisément à l'idée de voir l'Algérie, qu'ils considèrent comme leur proie, planer hors de leurs atteintes.

Ce qui les mettra surtout hors d'eux-mêmes, c'est que pouvant voter son tarif d'octroi de mer et supprimer les droits de douane, ainsi que la faculté en avait été reconnue autrefois aux colonies de la Martinique, de la Guadeloupe et de la Réunion par le sénatus-consulte du 4 juillet 1866, l'Algérie ne sera plus tenue d'acheter à des prix majorés les produits de la Métropole, non plus qu'à payer les frets qu'on lui impose, et que même elle pourra élever chez elle cette barrière intérieure que l'on redoute tant, à l'abri de laquelle elle cherchera à se créer une industrie.

Mais qu'ils se remettent de leurs alarmes.

L'Algérie a beaucoup trop souffert du régime protecteur qui lui est une robe de Nessus, pour qu'elle songe d'une manière générale, dès qu'elle pourra parler, à demander une aide à la protection.

La confusion qu'on avait fait naître dans son esprit en lui montrant les avantages de la protection, sans lui en dévoiler les inconvénients, commence à se dissiper.

Elle comprend qu'elle ne peut pas raisonner comme le fait la France, qu'elle n'a pas à défendre un marché intérieur, que personne ne songe sérieusement à lui disputer, qui d'ailleurs est insuffisant et de beaueoup à absorber sa production ; qu'elle a besoin d'une large importation pour pourvoir aux nécessités de sa consommation courante et au complément de son outillage économique ; qu'elle a parallèlement besoin de larges exportations pour payer son importation et constituer une épargne ; que ce qu'il faut à son agriculture, c'est avant tout un approvisionnement à prix réduit et une exportation facile.

Ces bienfaits, qui sont des nécessités pour elle, s'obtiendront non point par la protection qui entrave le courant des échanges, mais par la liberté qui les accélère.

Ce qu'il faut à l'agriculture algérienne, ce n'est pas une protection qui se paye très cher, mais une réduction générale de ses charges, une détaxe rationnelle, qui est un véritable don gratuit.

Le Conseil colonial ne chercherait donc pas, croyons-nous, à donner à l'octroi de mer un caractère protecteur. Il demeurerait dans ses mains un commode instrument de fiscalité et le meilleur, destiné à équitablement répartir les charges et même à les diminuer.

Pour qu'il remplit convenablement cet office, il n'y aurait qu'à généraliser la liste des articles imposés, tout en maintenant l'ancienne tarification qui flottait de 10 à 12 p. o/o de la marchandise en gros.

Ce droit modéré pourrait être considéré comme l'équivalent des services que l'Algérie rendrait aux importateurs en mettant à leur disposition, ses ports, ses chemins de fer, ses routes, sa sécurité, etc.

Que si les représentants des centres manufacturiers prétendaient, ce qui est à prévoir, que l'égalité de traitement que l'on établirait ainsi entre la France et l'étranger, fermerait à la France l'accès du marché algérien, il serait facile de leur répondre qu'il est présumable que les augmentations du tarif de l'octroi de mer — tant que ce tarif demeurera modéré — n'ayant pas eu dans le passé d'influence sensible sur le chiffre des importations nationales, n'en aurait vraisemblablement guère dans l'avenir.

En 1879, à une époque où le tarif n'atteignait qu'un nombre restreint d'articles et ne les atteignait que très légèrement, la France, sur une importation totale de 272,126,000 francs, figurait pour 204,425,000 francs, soit 75 o/o ; en 1884, c'est-à-dire 4 ans après que le décret du 25 septembre 1880 eût augmenté d'un tiers l'ancien produit de l'octroi de mer, la France sur une importation totale de 289,810,000 francs, figurait encore pour 217,079,000 francs, soit 74 o/o (1).

La situation de la France s'était donc maintenue aussi avantageuse.

Il est impossible de prétendre, pour expliquer cet heureux *statu quo*, qu'en 1884 les produits français jouissaient d'un privilège, qu'ils bénéficiaient d'une suffisante marge de protection, que les droits de douane écartaient ou raréfiaient les produits similaires étrangers. Une pareille explication devrait être rejetée, parce qu'en 1884 le régime de l'importation était encore fixé par la loi libérale du 17 juillet 1867 qui ne prit fin qu'au commencement de 1885, et parce que si l'on rap-

(1) Statistique générale de l'Algérie, année 1879, page 170 et année 1884, page 215. Nous avons déduit de nos calculs la valeur des marchandises à l'entrepôt pour nous tenir dans les limites du commerce spécial,

proche les dispositions de cette loi de la nomenclature des articles tarifés en 1880, on s'aperçoit que certains de ces articles étaient reçus en franchise comme les bois bruts, les bois sciés, les matériaux de construction, et que le surplus des autres, comme les faïences, les porcelaines, les poteries, les verres et cristaux, les fers en barres, les fontes et les fers ouvrés acquittaient seulement un tiers des droits, alors pourtant modérés, qui étaient perçus dans la Métropole.

C'est qu'en effet, cette prétendue infériorité de l'industrie française vis-à-vis de l'industrie étrangère, à l'aide de laquelle on a toujours essayé de justifier la protection, est loin d'être exacte prise dans son ensemble ; et blesse très gratuitement notre amour-propre national.

Aucun peuple ne peut se vanter d'occuper la première place dans chaque branche de l'activité industrielle et commerciale.

Les Anglais eux-mêmes, qui ne sont cependant pas dépourvus de chauvinisme industriel, n'émettent pas l'insolente prétention de demeurer toujours sans rivaux.

Ecoutons ce que dit à ce sujet un auteur déjà cité, M. Thorold Rugers :

« Nous ne l'emportons pas en tout sur nos concurrents (1), parfois notre climat nous est contraire et nous empêche de tisser et de teindre la soie avec le même succès que dans le Midi de l'Europe... Parfois, ce sont les aptitudes innées

---

(1) Interprétation économique de l'histoire, page 349.

qui nous font défaut, nous n'avons pas le goût des Français pour les bibelots, des Italiens pour le verre travaillé et colorié. »

Il y a plus, pour qu'un produit soit demandé, il ne suffit pas qu'il soit offert à bon marché, il faut encore qu'il convienne. A raisonner autrement on ne tient pas assez compte d'une foule d'éléments de détermination autres que le bon marché, dont l'importance est cependant appréciable, tels que le goût, les relations, la langue, la religion. Même si elle était libre de choisir entre les produits similaires des divers pays d'Europe, nous pensons que l'Algérie n'importerait de l'étranger que peu ou pas d'articles de fantaisie, de livres, d'objets d'art ou de mode et de tant d'autres produits, parce que sa culture littéraire, scientifique et artistique est toute française. Notre supposition est d'autant plus admissible que la France, bien qu'elle ait le pire régime commercial extérieur, continue à entretenir un commerce actif avec les anciennes colonies qu'elle a perdues, comme l'île Maurice, et même avec les républiques latines de l'Amérique du Sud, qui sont un peu ses cousines germaines, absolument comme la Hollande continue à commercer avec la colonie du Cap et le Portugal avec le Brésil.

En fait, la France aura donc un véritable monopole pour ses produits manufacturés, elle l'aura encore pour l'exportation de ses capitaux qui, l'Algérie une fois débarrassée de ses entraves, trouveront sur place un emploi rémunérateur, ce qui n'est pas à dédaigner en présence de la baisse du taux de l'intérêt. Elle l'aura pour ses ingénieurs et une partie de ses ouvriers, ce qui sera un adjuvant pour l'accroissement de sa population.

Tout au plus si nous faisons un retour sur l'importation de ses objets manufacturés, pourrait-elle concevoir quelque crainte au sujet de ses tissus. Mais nous avons montré au chapitre des importations, combien par suite de l'exagération de droits rigoureux qui stimulaient la fraude et réduisaient la puissance de consommation du colon et de l'indigène, la vente de ses articles avait diminué. A quoi donc peut bien lui servir de se réserver ou du moins de tenter de se réserver, car l'industrie anglaise vient s'installer en France pour le lui disputer, le monopole d'un article qui est de moins en moins demandé ?

Ne vaudrait-il pas mieux pour elle partager une recette de 100 millions avec l'industrie anglaise, que de garder pour elle seule, et encore, une recette de 20 millions seulement ?

Reste la crainte de voir l'Algérie réussir, grâce à l'octroi de mer, à édifier chez elle, un abri à l'aide duquel elle puisse se créer une industrie locale.

Mais il faut remarquer d'abord que le tarif de l'octroi de mer devant être purement fiscal, cet abri n'est pas pour effrayer. Rien ne serait plus facile à l'industrie métropolitaine que de le franchir, et on nous accordera aisément, que si dans le monde, ses exportations ne rencontraient pas de plus redoutables obstacles, elle n'aurait jamais perdu un seul de ses débouchés.

Cet abri ne constituerait donc pas une protection dans le sens technique du mot, en faveur de l'industrie algérienne. Ce serait tout au plus un modeste acheminement, vers un régime d'égalité véritable ; car on comprend que c'est une dérision pure que de vouloir qu'une colonie et qu'une Métropole, qu'un homme et qu'un enfant puissent lutter à armes soi-disant égales.

Si on veut qu'une industrie locale puisse naître, il faut qu'elle ne soit pas tout d'abord terrassée.

Il est d'une importance extrême pour la colonie de devenir manufacturière, c'est encore le plus sûr moyen pour elle de renforcer sa population agricole qui atteint la proportion élevée de 84 p. o/o, alors qu'en France elle n'est que de 48 o/o, en lui ajoutant un solide et riche appoint de population ouvrière et d'arriver ainsi à ce que, tant par le nombre que par la puissance de la richesse, l'élément européen fasse contre-poids à la multitude musulmane.

Les exigences de la justice seraient sur ce point conformes aux données de la politique. Il est inique d'exiger que l'Afrique du Nord demeure perpétuellement tributaire de l'Europe pour une certaine catégorie de produits et en soit réduite à recevoir coûteusement du dehors des utilités qu'elle pourrait fabriquer sur place à bon marché. Elle a d'immenses plaines d'alfa, pourquoi ne ferait-elle pas du papier ? Elle a d'innombrables troupeaux et des quantités de laines à sa disposition, pourquoi ne ferait-elle pas des tissus ? N'aurait-elle pas dans le pays même un important débouché ?

L'Algérie ne deviendrait pas du jour au lendemain manufacturière. Pour arriver à ce stade de la civilisation industrielle, il lui faudra un certain apprentissage qui demande du temps. Mais c'est précisément parce que ce stage aura quelque durée qu'il est nécessaire de le commencer de suite, et si l'octroi de mer pouvait hâter ce moment, même dans la plus infime mesure, on ne pourrait que s'en féliciter.

D'ailleurs on ne doit pas oublier lorsqu'on parle d'octroi de mer et de liberté commerciale, que ce ne sont pas seulement les représentants des centres industriels que cette question intéresse, mais bien également les députés des départements agricoles, qui ont bien le droit d'avoir aussi un avis, et aussi les Algériens que l'on ne saurait écarter, puisqu'ils sont directement en cause. Or, si les industriels de la Métropole, sans parler des armateurs, peuvent, sous le régime de l'assimilation douanière, nous ne disons pas faire sonner haut, parce qu'ils n'aiment guère, en général, rendre le public confident de leurs opérations, mais tout au moins supputer dans leur pensée que bon an ou mal an ils tirent de l'Algérie une quarantaine de millions, les députés des centres agricoles qui n'ont pas les mêmes raisons pour être discrets, peuvent crier bien haut, qu'en fait de millions, ils sont exposés, par suite de la concurrence algérienne, à en perdre beaucoup plus qu'à en gagner, puisqu'une simple baisse de 2 francs par hectolitre de vin, occasionnée par la surproduction africaine, peut leur coûter, sur une récolte moyenne de 35 millions d'hectolitres, 70 millions de perte.

Mais le seul moyen d'empêcher l'Algérie d'inonder de plus en plus la France, d'y avilir les prix et de rendre vaine toute la laborieuse défense du marché intérieur qui a été organisé dans ces dernières années contre l'Espagne, l'Italie, et les Etats étrangers, c'est d'abolir le régime de l'assimilation douanière qui la force irrésistiblement à déverser en France la presque totalité de sa production, c'est de lui rendre possible l'accès des marchés étrangers destinés à devenir les véritables dérivatifs du courant colonial, et cet accès lui-même ne peut être obtenu que sous un régime de liberté financière et commerciale qui multiplie les échanges avec l'étranger et détaxe l'agriculture.

Il est aisé de se rendre compte qu'avec un pareil régime, les relations avec l'Angleterre et les pays du Nord se noueraient vite et se multiplieraient.

Aujourd'hui, rien que par le seul fait de la situation médiane de l'Algérie et surtout de sa capitale Alger dans la Méditerranée, des navires de toute nationalité fréquentent nos ports, venant y apporter du charbon ou en prendre et s'approvisionner en eau. C'est là une heureuse et fortuite circonstance, grâce à laquelle la colonie a pu demeurer encore quelque peu en communication avec le reste du monde. Ces navires prennent, quand ils le peuvent, quelques marchandises. C'est ainsi qu'en 1893, la Hollande nous a demandé 9,165 hectolitres de vin, la Belgique 6,000 hectolitres, l'Allemagne 4,134, le Danemark 1,615 (1). Combien les prélèvements de ces divers pays deviendraient plus considérables, si au lieu d'entraver la venue de leurs navires on en sollicitait l'envoi, si le monopole de l'industrie et de la navigation disparaissait, si l'étranger pouvait nous apporter ses produits manufacturés si l'agriculture algérienne, allégée des charges qui la rivent au sol métropolitain, pouvait s'élancer à la conquête de nouveaux débouchés !

Assurément elle n'en continuerait pas moins à avoir les yeux constamment fixés sur la Mère-Patrie et à lui donner sa préférence commerciale. Mais la France une fois satisfaite, elle pourrait écouler vers le Nord de l'Europe, à des prix rémunérateurs, le surplus de sa production.

On se demande en vain qui pourrait y perdre ?

Mais dira-t-on si on frappe d'un droit même modéré les produits métropolitains qui sont presque toujours, mais qui ne sont pas toujours cependant des produits manufacturés, les représentants des centres industriels et agricoles ne se réuniront-ils pas pour demander et obtenir que les produits algériens arrivant en France, soient frappés d'un droit équivalent ?

En effet, cette prétention pourrait se produire.

---

(1) Report for the yars 1893-1894 on the trade, agriculture, etc., of Algeria, par Lambert Playfair, consul général d'Angleterre à Alger, page 29.

Etant donné les idées de protection à outrance qui fleurissent de l'autre côté de la Méditerranée, il n'y aurait rien d'extraordinaire à ce que, écartant les traditions libérales de l'Angleterre qui reçoit en franchise les produits même de ses colonies, qui, comme le Canada, repoussent les siens par des droits protecteurs ou prohibitifs, la France usât, nous ne dirons pas de représailles, parce qu'il ne saurait y avoir d'hostilité entre l'Algérie et elle, mais au moins de réciprocité.

Mais si elle en usait, elle ne pourrait le faire que modérément, dans la proportion même que comporterait la tarification réduite de l'octroi de mer qui, à notre avis, ne devrait pas dépasser 10 à 12 p. 0/0 de la marchandise en gros. Un droit frappant dans ces conditions les produits algériens à leur entrée en France, serait à peu près sans danger, car il leur assurerait encore un traitement de faveur par rapport aux produits étrangers qui acquittent au moins 20 p. 0/0, et si l'agriculture locale détaxée pouvait, comme nous y comptons bien, lutter sans désavantage sur les marchés libres, à plus forte raison pourrait-elle triompher sur un marché privilégié.

Quant à exclure nos produits ou bien quant à les placer sur un pied d'infériorité avec les produits étrangers la Métropole n'y songerait pas, car si d'un côté la France a intérêt à écarter *la totalité* des exportations algériennes, elle a aussi un égal intérêt à en accueillir *une partie*, soit afin de permettre à sa colonie de payer les annuités des dettes publiques et privées qu'elle a contractées dans la Mère-Patrie, soit afin de lui conserver avant tout une physionomie française.

Nous en avons à peu près fini avec le VIe et dernier chapitre de notre étude et, par conséquent, avec notre étude elle-même. Nous disons à dessein (à peu près) parce que le sujet que nous avons abordé est tellement vaste, qu'en cherchant un peu il est toujours possible d'en trouver quelque recoin ignoré ou incomplètement exploré.

Nous croyons avoir indiqué du moins, avec une certaine précision, comment nous comprendrions dans ses traits généraux et essentiels l'organisation d'une Algérie libre.

Cette précision même sera peut-être critiquée.

Il est possible qu'on nous accuse d'avoir dit trop nettement les choses, et de nous être exposés ainsi à froisser les préjugés d'un certain nombre d'hommes très estimables de la Métropole avec lesquels il est prudent de compter, et qu'il faut se garder d'effrayer, si on veut les convaincre.

De tels reproches ne nous toucheraient pas.

Dans la vie publique comme dans la vie privée, la sincérité n'est pas seulement une vertu, c'est encore un devoir. Nous croyons fermement que le temps n'est plus aux habiletés et aux réticences, aux demi-mesures et aux quarts de programmes. En présence d'un mal qui va toujours s'aggravant et d'une douleur qui s'accentue, il est bon, il est salutaire que la Métropole n'ignore rien de l'état de nos esprits.

Les Algériens depuis quelques années ne cessent de prétendre qu'ils sont méconnus et sacrifiés ; qu'ils se fassent donc connaître, qu'ils formulent leurs aspirations, qu'ils les formulent dans leur pleine largeur, afin que la France sache exactement ce qu'ils désirent et ce qu'ils veulent. Qu'ils proclament donc ouvertement la fière prétention de pouvoir eux aussi disposer, en partie du moins, de cette terre d'Afrique que leurs pères ont conquise par les armes et qu'ils ont fécondée par leur travail.

Que vaudrait-elle donc avec ses marais, ses fièvres, ses solitudes sauvages s'ils ne l'avaient aménagée par leur défrichements et vivifiée de leurs efforts ? Ne leur appartient-elle donc pas un peu comme une manifestation de leur être et comme le produit direct et légitime de leur industrieuse activité ?

Mais tant qu'ils resteront résignés ou qu'ils envelopperont leur pensée d'un voile qui la rend difforme, la France aura le droit de les ignorer et de négliger des prétentions qu'ils n'osent même pas avouer. Toute récrimination leur sera interdite.

L'Algérie libre n'a pas d'ennemis dans la Métropole, du moins nous ne le pensons pas, elle n'a que des adversaires et même des adversaires qui s'abusent étrangement sur les intérêts de leur patrie comme sur les leurs. Mais la sincérité et la vérité sont communicatives. Si l'Algérie parlait, elle arriverait peut-être à les persuader et à les désarmer. En tous cas, s'ils demeuraient inébranlables dans leur entêtement opiniâtre, elle aurait encore la consolation de se dire que ses adversaires ne sont pas toute la France.

La France est une grande et noble nation qui a marqué d'un trait lumineux son passage dans l'histoire du monde, elle est intelligente, généreuse et désintéressée, elle ne demande peut-être pas mieux que de comprendre et de savoir.

Que l'Algérie parle donc, qu'elle parle avec son cœur et avec sa raison, nous sommes convaincus qu'au delà du lac méditerranéen une voix amie lui répondra.

ERRATA ET ADDENDA

Page 13, ligne 18, au lieu de : *dette chirographaire*, lisez simplement : *dette.*

Page 16, ligne 20, au lieu de : *inférieures aux exportations*, lisez : *supérieures aux exportations.*

Page 17, notes 1 et 3, au lieu de : *statistique du Gouvernement général*, lisez : *statistique générale de l'Algérie.*

Page 19. Les impôts arabes sont au nombre de 4 : l'*achour* (impôt sur le revenu foncier) ; l'*hokor*, qui n'existe que dans la province de Constantine (taxe recognitive, payée par les détenteurs du domaine de l'ancien Etat turc) ; la *zekkat* (impôt sur les troupeaux) ; la *lezma*, impôt perçu en Kabylie dans quelques parties de la province de Constantine et dans le Sud. C'est, en général, une taxe de capitation. L'*achour*, la *zekkrat* et la *lezma* ont subi, en 1886, certaines modifications dans leur assiette et leur tarif qui ont influé sur le rendement de 1887.

Page 49, note 1, ajoutez : page *208*.

Page 66, lignes 16 et 17, au lieu de : *à 80 p. o/o* et corrélativement celle de l'étranger serait descendue *à 20 p. o/o*, lisez : *81* et *19 p. o/o.*

Page 79, ligne 23, au lieu de : *qui ont besoin de ressources*, lisez : *qui manquent de ressources.*

Page 80, ligne 14, au lieu de : *le Nord de l'Afrique*, lisez : *le Sud de l'Afrique.*

Page 91, ligne 6, au lieu de : *1884*, lisez : *1844*.

Page 104, lignes 30 et 31, au lieu de : *40 millions au moins*, lisez : *38 millions*, en supposant une importation moyenne de 250 millions, dont les 4/5 venant de la France.

Page 109, ligne 6, au lieu de : *ne pourrait même pas lui être accordée*, lisez : *lui être complètement accordée*.

Page 130, note 1, au lieu de : *1894*, lisez : *1895*.

Page 171, ligne 18, ajoutez comme note : *Statistique générale de l'Algérie, années 1891-1893, page 274*.

Page 176, ligne 10, au lieu de : *le Chef du Pouvoir exécutif*, lisez : *le Pouvoir exécutif*.

Page 184, ligne 22, au lieu de : *en l'usage*, lisez : *en usage*.

Page 188 *in fine*. Le chiffre de 40 millions, que nous donnons pour les importations, représente seulement la surtaxe payée aux particuliers fixés en France. Nous avons été conduits à en faire état, parce qu'ainsi qu'à la page 174, nous l'ajoutions aux surtaxes de transports maritimes et terrestres qui sont également payées à des particuliers. Mais si, comme de juste, on tient compte dans le chiffre des importations des droits de douane versés au Trésor qui ne sont qu'une avance payée par les importateurs dont ils se récupèrent sur les Algériens, il faut augmenter de plus de 11 millions la surtaxe totale imposée à l'Algérie par son régime commercial. Elle s'élèverait donc, en réalité, à plus de 67 millions.

19 Juin 98

TABLE DES MATIÈRES